Jean-Claude Ela Mbala

Les perspectives bibliques de la réconciliation

Jean-Claude Ela Mbala

Les perspectives bibliques de la réconciliation

Une approche théologique d'une bonne relation Dieu-Homme et Homme-Homme

Éditions Croix du Salut

Imprint
Any brand names and product names mentioned in this book are subject to trademark, brand or patent protection and are trademarks or registered trademarks of their respective holders. The use of brand names, product names, common names, trade names, product descriptions etc. even without a particular marking in this work is in no way to be construed to mean that such names may be regarded as unrestricted in respect of trademark and brand protection legislation and could thus be used by anyone.

Cover image: www.ingimage.com

Publisher:
Éditions Croix du Salut
is a trademark of
Dodo Books Indian Ocean Ltd., member of the OmniScriptum S.R.L Publishing group
str. A.Russo 15, of. 61, Chisinau-2068, Republic of Moldova Europe
Printed at: see last page
ISBN: 978-620-3-84288-3

LES PERSPECTIVES BIBLIQUES DE LA RECONCILIATION

Jean-Claude ELA MBALA

Une collaboration de :

Williams TCHINDA TANEFO

Stélane Daniel MBALA ELA

Sous la direction du mouvement androiditiste

REMERCIEMENT

- *Jean-Claude Ela Mbala tient à remercier* :
- En particulier : Stélane Daniel MBALA ELA, Rév. Calvin OBAM MBETI
- Mon épouse : Mme ELA née MVONG NTAM Juliette
- Mes parents : MINKO MESSANGA Marthe et MBALA ELA Daniel
- Les Révérends Pierre MFOM EFFA, OLAMA NGAKOA, Louis DIKONGUE DIKONGUE ; Thomas Dacquin ADJOMO, Jules ANGO BELLA et Valery Trésor ELLA
- l'E.P.C.O
- Toutes mes sœurs et frères
- Tous mes enfants
- La famille MBALA ELA Daniel
- Les grandes familles : MVOG ZE d'ATO'OVENG, MVOG EVOUNDOU de MESSOK
- Le village ATO'OVENG

- Williams TCHINDA TANEFO remercie :
  - ✓ Jean-Claude ELA MBALA
  - ✓ Le Rév. Marcel MOUELLE
  - ✓ Stélane Daniel MBALA ELA
  - ✓ Sa fiancée Evodie KEUNNECK MBAH
  - ✓ La grande famille TCHINDA

- Stélane Daniel MBALA ELA remercie :
  - Tous les membres du mouvement androiditiste
  - M. Jean-Claude AWONO
  - Rév. Maurice ONDOUA ABONDO et son épouse
  - Les grands arrondissements Mengong et Mengang
  - Patricia Simone NDEMBA MBALA et SA MERE Elysabeth MBOE

LISTE DES ABREVIATIONS

AC.	Actes des Apôtres
AP.	Apocalypse
A.T.	Ancien Testament
Ch.	Chapitre
1 Co.	Première Epître aux Corinthiens
2 Co.	Deuxième Epître aux Corinthiens
Col.	Colossiens
Da.	Daniel
Dé.	Deutéronome
Dr.	Docteur
Ep.	Ephésiens
EPCO	Eglise Presbytérienne Camerounaise Orthodoxe
ESTLPM	Ecole Supérieure de Théologie Louis Paul Moore
Es.	Esaïe
Ex.	Exode
Ga.	Galate
Ge.	Genèse
He.	Epître aux Hébreux
Ibid.	Même ouvrage que la citation précédente
Jn.	Evangile de Jean
1 Jn.	Première Epître de Jean
Jé.	Jérémie
Jg.	Juges
Lam.	Lamentations de Jérémie
Lé.	Lévitique
Lu.	Evangile selon Luc
Mc.	Evangile selon Marc
Mt.	Evangile selon Mathieu
No.	Nombres
N.T.	Nouveau Testament
Os.	Osée
P. (P)	Page (s)
Phm.	Epître à Philémon
1 Pi.	Première Epître de Pierre
2 Pi	Deuxième Epître de Pierre
Ps.	Psaumes

1 R.	Premier livre des Rois
2 R.	Deuxième livre des Rois
Ro.	Epître aux Romains
Ru.	Ruth
1 S.	Premier livre de Samuel
2 S.	Deuxième livre Samuel
S. d.	Sans date
S. éd.	Sans édition
S.L.	Sans lieu
1 Th.	Première Epître aux Thessaloniciens
2 Th.	Deuxième Epître aux Thessaloniciens
1 Ti.	Première Epître à Timothée
2 Ti.	Deuxième Epître à Timothée
Tit.	Epître à Tite
Za.	Zacharie

Préface

Jean-Claude Ela Mbala fait couler l'encre de sa plume au moment où le monde en a vraiment besoin. Au moment où les hommes se sont déconnectés entre eux et surtout de leur Créateur. Au moment où la société est en décadence et qu'elle a besoin d'être délivrée. Au moment où il faut vraiment un guide à l'aveuglitude des hommes. Au moment où Satan le détourneur exerce son emprise. Au moment où la colère de Dieu commence à s'abattre sur les hommes et que ceux-ci s'égrainent comme le maïs à cause d'une petite pandémie de rien du tout. Le théologien J.C Ela Mbala apparaît donc comme le Jonas qui n'a pas tergiversé à répandre, dans la grande Ninive, la nouvelle et la colère de Dieu afin que le monde change et retrouve sa bonté.

« Sans réconciliation, pas de pardon » ; comment Dieu sera-t-il miséricordieux avec nous si nous ne voulons pas nous réconcilier avec Lui ? Il faut du reste être d'accord sur un point : c'est le conflit qui dirige le monde aujourd'hui. Il en est ainsi parce que les hommes ont tendance à ne pas se repérer de la conception biblique de la réconciliation : Celle prônée par le Seigneur Lui-même. Il faut bien que Satan lâche les hommes parce que c'est lui le père de la violence, car, comme le dira le frère Castanou, *« Satan ne comprend qu'un seul langage, c'est celui de la violence »*.

Egalement, l'investigation du théologien arrive dans l'androiditisme au moment où cette théorie est à la conquête d'une interdisciplinarité totale, dans le sens élucidé par l'androiditiste Williams Tanefo dans la postface de ce même ouvrage. Cette œuvre est alors la fondation de l'androiditisme théologique. L'androiditisme se veut prôneur des écarts abusés (dans le sens positif) de l'écriture postmoderniste. Egalement, il se réclame une synthèse du classique et du modernisme. Par ailleurs, cette théorie, initiée par moi dans *Communauté Spéciale*, lie le fond à une bonne et déviante forme tout en mettant un accent solide sur l'engagement de ses auteurs qui se sont écartés du caractère digito-festif. Les androiditistes expriment la nature à travers leurs moyens, car l'écriture est un naturel exprimé par un culturel. L'androiditisme ne vous promet pas la perfection et l'excellence de la Chose car *« la plus belle femme du monde ne peut donner que ce qu'elle a »*.

Peuple de la terre détourne-toi des guerres, des conflits, des luttes, des péchés et réconcilie-toi avec toi et avec ton Dieu.

Bon appétit à vous !

Stélane Daniel Mbala Ela

Stélane Daniel Mbala Ela est un écrivain poète camerounais. Il est fondateur du mouvement théorique androiditiste et auteur de Communauté Spéciale. Il est sociologue, domaine où il poursuit encore ses études.

INTRODUCTION GENERALE

De nos jours le monde est en quête de paix. L'observation quotidienne révèle de ce que les conflits pullulent de part et d'autre. Les hommes de même famille, de même lieu de service, de même village, de même ville voire dans les églises s'opposent. Aussi de nombreux efforts sont-ils déployés à l'effet d'accorder les différentes parties prenantes à ces conflits. Mais il est à regret de constater que ces initiatives ne font pas long feu, elles échouent. Les compromis établis sont plutôt parfois la pomme qui vient densifier la discorde précédemment existante. Si donc les multiples approches humaines proposées pour résoudre les conflits sont sans succès, n'est-il pas conseillé de consulter « **l'ultime sagesse ?** », celle du créateur ou encore face aux limites de la raison de l'homme eu égard aux problèmes soulevés ; quelles sont les perspectives bibliques de la réconciliation ? Répondre à la question susmentionnée revient certainement à ce que l'on décline le sens des mots clés de notre sujet : les perspectives, bibliques et enfin réconciliation. Il faut relever que la réconciliation occupe une place primordiale dans la vie du chrétien ; c'est ce qui fera dire à Claude BIRNAM que « *Etre capable de reconnaître en l'autre un frère, c'est être capable de reconnaître un manque en soi et d'y discerner l'absence d'un autre qui marque ma vie en creux* ».[1]

La **réconciliation** ainsi entendu est soumis à un babélisme définitionnelle. Selon le dictionnaire français de Mireille Maurin et Al., elle est un nom féminin qui désigne *« l'action de se réconcilier* ». Partant de son verbe, la réconciliation est, selon ce même dictionnaire, « *Remettre d'accord des personnes brouillées* ». Elle est aussi « *se remettre d'accord avec quelqu'un* ». Mais la définition qui nous importe et qui est de notre réflexion est celle qui fait de la réconciliation *l'acte par lequel on est restauré à la faveur de quelqu'un.*

Etymologiquement ce terme part du grec ''καταλλαγή'' désignant ainsi « *Changer entièrement d'une relation d'ennemi à celle d'ami réconcilié ».* Ce terme sous-entend que le jugement de Dieu est retiré. La réconciliation est l'acte par lequel Dieu donne aux hommes le choix de devenir à nouveau ses amis au travers de la croix. « *C'est aussi l'acte par lequel l'harmonie entre l'homme et Dieu est rétablie* ».[2]

---

1 – Claude Birman, Charles MOPSIK, Jean ZACKLAD, Caïn Et Abel, Paris Bernard Grasset, 2015
2-Lalanne L, réconciliation source, œuvre compl, t9

Au commencement Dieu et l'homme étaient amis et avaient une communion intime. Lors de la chute, le péché entra par le choix délibéré de l'homme et cette amitié fut brisée. Un mur de séparation s'éleva entre l'homme et Dieu (le péché). Au travers du rachat de Christ, cette base de l'amitié fut rétablie et l'homme est maintenant libre de devenir à nouveau l'ami de Dieu. Dieu a pris l'initiative de la réconciliation, Romains 5 :10 ne dit-il pas : *« Car si, lorsque nous étions ennemis, nous avons été réconcilié avec Dieu par la mort de son fils, à plus forte raison, étant réconcilier, serons-nous sauvés par sa vie »* (Cf. 2 Co. 5 : 18-20 ; Col. 1 : 20-23). La réconciliation de l'humanité est l'œuvre de Dieu seul. Il est celui qui a été offensé, il est donc celui avec qui l'homme doit se réconcilier (Ep. 2 :11-18 ; Col. 1 :20-21). Pour que la réconciliation s'opère, il importe que disparaisse la cause de l'inimitié : Le péché. L'homme est celui qui a offensé Dieu par sa rébellion, il doit donc se repentir, désavouer son passé de péché, mourir à lui-même, à son *moi égoïste* et pécheur, pour ne s'attacher qu'à la volonté de Dieu. Il est celui qui doit se réconcilier avec Dieu (Col. 1 :20-23). L'homme est incapable d'accomplir ces choses par ses propres forces. Il fallait donc que quelqu'un revêtant son humanité, s'identifiant à lui complètement, le fasse pour lui : C'est ce que fit Christ. Il est le moyen de la réconciliation par Sa mort à la croix ; Romain 8 :3 dit à cet effet : *« Car -chose impossible à la loi, parce que la chair la rendait sans force, -Dieu a condamné le péché dans la chair, en envoyant, à cause du péché, son propre Fils dans une chair semblable à celle du péché »*, (Hé. 9 :14 ; 1 Pi. 3 :18. 1 Jn. 4 :10). Par son incarnation, il a volontairement pris notre humanité, notre condition terrestre (Hé. 2 :17), et il a expié le péché par sa mort à la croix. Dès lors la réconciliation avec Dieu est possible. L'humanité fut réconciliée avec Dieu car le mur de séparation fut juridiquement abattu. Ceci doit se reproduire dans chaque individu grâce à l'action du Saint-Esprit. L'homme doit abandonner sa rébellion et accepter la réconciliation déjà accomplie à la croix (Ro. 5 :10-11). Le chrétien par la foi s'unit à Christ, il reconnaît la valeur et l'entière efficacité de son œuvre rédemptrice et expiatoire. Il consent à mourir à lui-même pour revivre spirituellement avec Christ et par Christ. Du côté de l'homme, c'est la condition non seulement du pardon des péchés, mais aussi de sa régénération, de sa sanctification, de son espérance pour l'au-delà. L'œuvre de réconciliation commencée par Dieu en Jésus-Christ se poursuit dans le monde à travers les générations par la prédication de l'Evangile (2Co. 5 :17-20). Cette réconciliation fait du chrétien : Un ambassadeur pour Christ celui qui apporte la parole de réconciliation, afin de réconcilier les hommes à Dieu. Ainsi il prend part à ce ministère de réconciliation par la prédication de l'Evangile. Pour aborder notre problématique, nous aimerons très bien commencer par la clarification des termes clés de l'étude, après cela d'étudier et d'argumenter le thème proprement, dit à savoir : « **Les perspectives bibliques de la réconciliation** » ; Nous proposerons enfin les chemins d'une réconciliation bien menée. Ces idées permettront de saisir les principes ou canons bibliques de la réconciliation, afin de nous faciliter l'étude de certaines situations conflictuelles.

Stelane Daniel Mbala Ela

Stélane Daniel Mbala Ela est un écrivain poète camerounais. Il est fondateur du mouvement théorique androiditiste et auteur de Communauté Spéciale. Il est sociologue, domaine où il poursuit encore ses études.

CHAPITRE PREMIER :

CLARIFICATION DES TERMES CLES DE L'ETUDE.

1.1 : Définition du mot ''Perspective''

Au-delà de l'usage technique et restrictif du substantif ''*Perspective*'', le mot exprime de manière générale *les chemins prévus pour la résolution d'un ou de plusieurs problèmes quelconques*. Les perspectives sont aussi *les desseins prévus pour rétablir la paix*. Ces chemins sont émaillés de mille et une difficultés qui entravent le rétablissement de la paix et du bien-être. Les récits étiologiques de la Bible nous en fournissent, si besoin en était, la preuve. Toutefois, nous nous attarderons particulièrement au processus de réconciliation et au rôle que jouent les rites dans le respect des accords conclus. En effet, les démarches de réconciliation ont eu pour aboutissement le respect du processus qui contribuait à assurer la stabilité et la durabilité de la paix entre les parties. Tout semble se porter sur une quête de relations plus ou moins heureuses entre les personnes.

Au-delà de ce cadre plutôt sociologique, l'Ancien Testament déploie un autre contexte plus politique où les perspectives sont davantage assimilées à un contrat d'alliance et de paix entre des personnes et même les états. Comment situer cette thématique dans l'histoire Biblique et le développement de la théologie contemporaine ? Nous privilégions les perceptions Bibliques.

Il s'agit de dégager dans le système de pensée et de formulations bibliques, en quoi le Christianisme peut apparaître comme une perspective biblique qui rassemble les hommes au-delà d'un sentiment d'appartenance exclusive liée à une famille, une ethnie ou un clan.

Somme toute, il convient de définir les ''**Perspectives**'' comme un ''*art de représenter les objets selon les différences d'aspect que l'éloignement et la position y apportent*'' ou encore ; Aspect que présentent les objets vus de loin, comme par exemple la perspective d'une grande fortune, en perspective, dans l'avenir. C'est alors l'action de *projeter*.

1-2 : *Définition et Etymologie du terme ''Biblique''*

Le terme ''**Biblique**'' est issu du mot Bible, du grec ''βιβλία'' pluriel neutre, les livres. Le mot passa en latin ecclésiastique et devint dans cette langue un féminin singulier. D'où le nom français Bible. On pense que c'est Jean Chrysostome patriarche de Constantinople (398-404 après Jésus-Christ) qui, le premier, employa le mot ''βιβλία'' pour désigner les livres sacrés.

L'absence d'adjectif qualificatif devant le mot Bible qui signifie '' *les livres*'' révèle que ceux qui l'employaient considéraient ces écrits comme :

1. formant à eux seuls un ensemble particulier.

2. supérieurs à toutes les autres œuvres littéraires. Ces écrits sans pareils sont les livres par excellence. L'étymologie du mot ''Ecriture'', au singulier et au pluriel, permet la même constatation ; fait d'autant plus frappant que ce terme apparait fréquemment dans le Nouveau Testament avec le singulier implicite du mot grec ''βιβλία'' (Mt. 21 :42 ; Ac. 8 : 32). D'autre part, le pluriel neutre de ce dernier mot, à sens collectif, marque le fait important que la Bible ne soit pas seulement un livre, mais une grande quantité de livres. En même temps, l'emploi au singulier du mot ''Ecriture'' et même du mot ''Bible'' souligne que la diversité des écrivains recouvre une merveilleuse unité révélant un guide intelligent, qui ne cessa d'opérer durant plus de mille années de rédaction. J. Martin relèvera ceci :

> « *L'apologétique ; branche de la science théologique, examine le droit à l'autorité que s'attribue la Bible. Le mot apologétique employé dans le singulier grec est souvent mal compris. Lorsque Georges III Roi d'Angleterre, apprit que l'Evêque Watson avait publié une « Apologie de la Bible» il déclara avec rudesse ne pas avoir su auparavant que la Bible nécessitât une apologie. L'Evêque employait ce mot dans le sens grec de ''défense'' ; car la science des apologistes (ou apologètes) défend la Bible. La critique Biblique est une autre science, comprenant la haute et la basse critique* »[3].

- *La haute critique* étudie l'origine des divers livres de la Bible, les décrit, s'efforce de résoudre les questions d'auteurs ; de circonstances, de but.

---

3. J.Martin, <u>Evreux</u>, (Imprimerie Hérissey, 1978) P.472

-*La basse critique*, ou étude minutieuse des textes, cherche, au moyen des anciens manuscrits et des diverses versions, à rendre le texte biblique avec le maximum de précision et de justesse. ''L'herméneutique'' (du grec expliquer) examine les principes d'interprétation de l'Ecriture, tandis que l'exégèse les applique. Le contenu de la Bible est ensuite ordonné méthodiquement et l'on constate qu'il intéresse la géographie, la morale... presque tous les objets de la pensée. La ''théologie biblique'' étudie le développement historique des doctrines de la Bible. La dogmatique ou théologie systématique cherche à coordonner les doctrines bibliques selon le système théologique des Ecritures, à exposer leurs rapports réciproques et leurs relations avec d'autres dogmes, et à les définir avec précision.

La Bible renferme l'Ancien et le Nouveau Testament, autrement dit l'Ancienne et la nouvelle Alliance. L'Ancien Testament a été écrite en hébreu, sauf quelques passages qui partent l'araméen. Le Nouveau Testament a été rédigé en grec. A l'origine, les livres sacrés n'avaient ni chapitres ni versets. La division actuelle en chapitres est due, pense-t-on, au Cardinal espagnol Hugo, ou à l'Archevêque Anglais Langton. Tous deux sont des hommes du XIIIe siècle, qui est un siècle marquant pour l'histoire de la religion. Les Massorètes (Rabbins et savants Juifs) du IXe siècle après Jésus-Christ divisèrent l'Ancien Testament en versets. La division actuelle du Nouveau Testament se doit à Robert Estienne, qui l'introduisit dans le Nouveau Testament grec et latin qu'il publia à Genève en 1551. La version anglaise du Nouveau Testament, imprimée à Genève en 1557, présentait le même système de division.

1.3 : Saisie du terme Réconciliation

a. Au sens profane

Elle se fait entendre comme *cessation d'une inimitié, ramener la paix.* La réconciliation est facilement associée à un acte de solidarité et d'entraide mutuelle. Elle relèverait plus d'un engagement éthique dans les choix de vie et les priorités que l'homme s'impose en vue d'un vivre ensemble. Ces exigences morales se formulent en termes de préceptes qui sont censés éduquer les sentiments ou obligations stipulant les devoirs des frères les uns à l'égard des autres. Qui se soumet volontiers à ses exigences ? L'échec apparent en ce domaine semble justifier l'institutionnalisation de la réconciliation qui s'impose désormais comme un facteur de cohésion sociale. Dans les dérives conflictuelles qui opposaient les Grecs les uns aux autres, ce qui était considéré par les philosophes comme une tragédie et une maladie est que la réconciliation garantissait l'harmonie fondée sur un idéal commun. Dans la Bible de Jérusalem, on retrouve ceci : « *Cette réconciliation, au cour des représentations de la cité unie, est donc vue essentiellement sous l'angle de ce qui rassemble, réconcilie, relie de façon forte et insoupçonnable, en instaurant des relations de réciprocité entre semblables d'autant plus solidaires qu'ils sont oublieux des raisons ou des haines qui les ont dressés, les uns contre les autres* »[5]. Toutefois, il convient de rappeler que la réconciliation tient sa spécificité non d'un quelconque accord entre les différents protagonistes, mais plutôt de l'alliance en Jésus-Christ.

---

5. ***Voir note f des Actes des Apôtres 2 : 42-47 dans la Bible de Jérusalem, petit dictionnaire P.208***

b. Au sens biblique

a- Dufour donne ainsi l'étymologie du terme réconciliation dans le Dictionnaire du Nouveau testament, (Paris ; éd. du seuil, 1975), P.537 :

> *« Du grec ''καταλλάσσω'' rendre autre (Allos), échanger'', verbe auquel est préfixée une préposition qui en précise la nuance ; dia, kata, apo, kata. D'où ''se changer à l'égard de quelqu'un'' et de là ''réconcilier '' ou ''se réconcilier''. En hébreu râça c'est-à-dire ''agréer, prendre plaisir à'' ; ytracèh signifiant ''se concilier la bienveillance''. On trouve le mot au sens profane : faire cesser l'inimitié, ramener la paix.* »[6]

b- Au sens religieux prédominant dans le N.T, c'est l'acte gratuit par lequel Dieu réintroduit le pécheur repentant dans la grâce, en vertu du sang de Christ qui expie nos péchés. Par cette nouvelle création l'homme vit désormais en paix avec Dieu. Juifs et païens forment un seul corps ; l'univers entier est pacifié tel est le message du ministère apostolique.

Au-delà de l'usage technique et restrictif du substantif réconciliation, le mot exprime de manière générale le lien fraternel. En Grec actuel le mot vient et a surtout trait au verbe ''allassô'', lequel a pour sens premier ''rendre différent, changer, altérer'' (Ac. 6 :14, Ga.4 :20).

C'est ainsi que le composé ''καταλλάσσω'', qui signifie fondamentalement ''échanger'', a pris le sens de ''réconcilier'' (Ro. 5 :10). Paul utilisa ce verbe à propos de la femme qui se ''réconcilie'' avec son mari dont elle s'était séparée (1Co.7 :11).

Le verbe apparenté ''**διαλλάσσμαι**'', apparaît en Mt. 5 :24 où Jésus encourage d'abord à ''faire la paix'' avec son frère avant de présenter un sacrifice sur l'autel. Les perspectives sont ainsi ouvertes aux rapports interpersonnels dont nous aurons à analyser partiellement la nature dans le choix de la ''fraternité'' au risque des trahisons et de la mort.

Force est de constater que la réconciliation avec Dieu, que Paul utilise dans sa lettre aux Romains et dans plusieurs autres lettres, a une forme intensive, lorsqu'il parle de ''**καταλλάσσω**'' et ''**αποκαταλλάσω**'', qui se définit dans le sens de l'homme qui se réconcilie avec Dieu par le moyen du sacrifice de Jésus-Christ. Toutefois, la réconciliation future des choses futures ''**αποκαταλλάσσω**'' en grec n'est pas en reste. Le terme est plus fort que ''**katallagê**'' (Col. 1 :20) et a pour but de rendre conforme toute la création actuelle avec la pensée de Dieu au jour du règne de Christ. La réconciliation en tant que réalité anthropologique, est essentiellement fondée sur les liens de sang ; elle répond à des exigences strictes et bien définies. C'est la dimension Biologique qui détermine les rapports, elle confine d'ailleurs l'homme dans un réseau de relations bien déterminées, à savoir la famille et le clan. Les relations peuvent être étendues dans le temps en remontant de l'arbre généalogique.

En revanche, la réalité sociologique apparaît beaucoup plus englobant. Elle peut être envisagée au niveau d'une nation parmi les citoyens qui se reconnaissent dans des valeurs communes et partagent le même idéal de vie. L'appartenance n'est donc plus dictée par les liens de sang. Elle se fonde sur les rapports humains, et s'inscrit dans ces rapports. C'est ainsi que l'humanité exprime le sentiment de réconciliation qui lie les hommes dans le temps et l'espace.

On se sent alors réconcilié les uns des autres quel que soit le point où l'on se trouve sur la planète. Ainsi, un pygmée d'Afrique centrale se dira frère d'Aborigène d'Australie.

Cette perception élargie de la réconciliation ne peut que favoriser l'usage du concept dans un sens symbolique. Dans ce cadre la vision repose sur le partage d'un idéal commun. La réconciliation vient ainsi à désigner la qualité des relations qu'entretiennent les hommes les uns avec les autres.

Il va sans dire que la réconciliation est un concept polysémique tant les nuances sémantiques se référent à plusieurs réalités. Néanmoins elle peut être répertoriée dans deux catégories distinctes : d'une part elle offre la base sur laquelle sont établies les relations entre les hommes et de l'autre elle détermine des liens structurants. Elle peut être tour à tour considérée comme une vertu morale et une solide structure. Cette double notion s'applique aussi à l'Eglise. De manière générale, la Bible réfère à la réconciliation en termes de valeurs éthiques en ce qu'elle désigne le comportement des croyants et leur manière d'être.

La réconciliation s'étend davantage comme la communion fraternelle. Elle désigne la mise en commun des biens et exprime l'union des cœurs, qui résulte du partage de l'Evangile et de tous les biens reçus de Dieu par Jésus-Christ dans la communauté Chrétienne. Elle renvoie alors à une entraide sociale à une idéologie commune et à un sentiment de solidarité. Elle est en ce sens caractéristique de la réalité, du moins, de l'idéal de la première communauté Chrétienne : Les Croyants « *Se montraient assidus à l'enseignement des apôtres, fidèles à la communion fraternelle, à la fraction du pain et aux prières [...], tous les croyants ensemble mettaient tout en commun ; ils vendaient leurs propriétés et leurs biens et partageaient le prix entre eux tous selon les besoins de chacun* ». (Ac. 2 :42-44).

Toutefois il ne faut pas oublier les indications qui orientent dans le sens de l'organisation structurelle au sein de la communauté Chrétienne. Ce dernier usage est limité dans le contexte néotestamentaire à la première lettre de Saint Pierre. Au-delà du bien être communautaire et du vivre ensemble, la réconciliation vient aussi à désigner la communauté dans toute sa structure. Elle devient dès lors synonyme de ''Communauté de frères'' (1Pi.5 :9), c'est l'assemblée des fidèles du Christ. Dès lors la réconciliation est facilement associée à un acte de solidarité et d'entraide mutuelle. Elle relèverait plus d'un engament éthique dans les choix de vie.

Le projet ecclésiologique de la théologie de la réconciliation ne peut être fondé que sur le Christ qui est donné au monde comme le frère des hommes et le premier-né de toute créature. Ce projet se construit à travers les réalités constitutives de la vie humaine.

Au nombre des multiples témoignages patristiques, nous privilégions celui de saint Cyprien évêque de Carthage. Même si la thématique de l'unité était au cœur de sa réflexion théologique on ne saurait oublier qu'il avait identifié Eglise et fraternité. L'occurrence du mot '' fraternitas'' dans ses lettres ne trompe guère. Quelle que soit la traduction, ce qui est désigné, c'est l'Eglise en tant que peuple de ceux qui partagent la même foi en Jésus-Christ. Voici donc rapprochement formellement établi. Ce théologien de l'unité de l'Eglise fonde le concept de fraternitas dans l'essence même de l'unique et égale dignité des chrétiens comme enfants de Dieu et disciples du Christ.

A partir de cet excursus néotestamentaire et patristique, nous explorerons les fondements vétérotestamentaires en vue de confirmer ou d'infirmer, selon les cas, les propos que nous avons tenus sur la réconciliation. La dimension éthique de la relation fraternelle n'est pas à mettre en doute.

Jean-Claude Ela Mbala

Jean-Claude Ela Mbala est un théologien Camerounais. Il est auteur androiditiste. Il a fait ses études théologiques à l'Ecole Supérieure de Théologie L. Moore où il a initié cette investigation. Il est homme d'église à l'Eglise Presbytérienne Camerounaise Orthodoxe (E.P.C.O).

CHAPITRE DEUXIEME :

ÉTUDE DU THEME PROPREMENT DITE

2.1 - Qu'est-ce que la Réconciliation Chrétienne

Tous les lecteurs de la Bible connaissent le beau récit de Genèse 33, au sujet de la réconciliation d'Ésaü et de Jacob lors du retour de Jacob en Canaan. Mais le mot même de réconciliation ne s'y trouve pas plus qu'ailleurs, dans tout l'A.T. Il n'apparaît que dans le N.T., et, en dehors de Matthieu 5:24, où il est question de réconciliation fraternelle, dans les seuls textes pauliniens. Sauf dans 1Corinthiens 7:11, où il s'agit d'une exhortation à la réconciliation entre mari et femme séparés. Partout ailleurs l'idée et le mot s'appliquent aux rapports de Dieu et de l'homme et mettent en lumière un aspect particulier de la rédemption.

A vrai dire, toute « alliance » avec Dieu, selon le terme employé par Moïse et repris par Jésus, implique, l'homme étant pécheur, une réconciliation préalable. On trouve le terme de réconciliation, pour caractériser ce nouveau rapport avec Dieu dans Ro. 5:1011:15,2Co 5:18,20, Ep. 2:16, Col. 1:20 et suivants. Cette réconciliation, comment faut-il la comprendre ? Faut-il penser que, le péché ayant créé dans le cœur de l'homme un sentiment d'inimitié à l'égard de Dieu, et, par contrecoup, un sentiment d'inimitié en Dieu lui-même à l'égard de l'homme rebelle, la réconciliation suppose tout d'abord un profond changement dans leurs dispositions réciproques, comme c'est généralement le cas quand il s'agit de la réconciliation d'un homme avec un autre ? Ou bien faut-il entendre par là que Dieu, restant éternellement immuable dans son amour infini pour l'homme comme en tous ses autres attributs, dans la manifestation de toutes ses autres perfections, ce sont les seules dispositions de l'homme à l'égard de Dieu qui doivent être changées, auquel cas la réconciliation ne signifierait pas autre chose, en définitive, qu'un retour de l'homme à Dieu ? Certains interprètes, insistant plus particulièrement sur les textes de 2Co. 5:18 et Col. 1:20, se rangent à la première manière de voir, d'autres à la seconde. Ceux-ci font remarquer que si, par exemple dans Ro. 11:15, il est question de la *« réconciliation du monde (avec Dieu) »*, on ne trouve nulle part une expression telle que la « réconciliation de Dieu (avec le monde) ». A l'appui de leur affirmation du caractère immuable des perfections divines, ils peuvent citer Jacques 1:17, où il est parlé du Dieu. *« En qui il n'y a aucun changement, pas l'ombre d'une variation. Ils repoussent l'idée que le Dieu d'amour ait pu éprouver un sentiment de colère à l'égard de l'homme, sentiment dont on ne trouve aucune trace chez le père de l'enfant prodigue, tout au contraire, puisque « comme il était encore loin, son père le vit et fut ému de compassion et, courant à lui, il se jeta à son cou et l'embrassa »*[7] (Lu 15:20).

D'autres commentateurs au contraire estiment que le Dieu « trois fois saint », ''Celui dont les yeux sont trop purs pour voir le mal'', ne peut pas tenir le pécheur pour innocent et que, par conséquent, il doit nécessairement y avoir en lui une réelle inimitié à l'égard du pécheur en tant que tel. Sans doute, l'expression scripturaire : « la colère de Dieu » est empruntée au langage humain, toujours imparfait, pour désigner les rapports de Dieu et de l'homme. La colère de Dieu ne doit pas s'entendre tout à fait dans le même sens où nous parlons d'une colère humaine. La colère de Dieu ne peut être qu'une indignation sainte absolument exempte de passion, et qui n'exclut pas la miséricorde pour le pécheur, mais qui bien plutôt la suppose : car si Dieu s'irrite contre le mal qui est dans le cœur de son enfant, c'est encore par amour pour lui, en raison du préjudice que le péché lui cause ou, si l'on veut, que son enfant, dont Dieu veut toujours le plus grand bien, se cause à lui-même. C'est dans ce sens que l'Evangile parle d'une indignation de Jésus (Mr. 3:510:14). Or les sentiments de Jésus à l'égard de l'homme ne sont que le reflet des sentiments de Dieu. On peut donc parler à bon droit d'une « colère de Dieu ». (cf. Ro. 1:185:9 etc.) Charles Babut dira : « *Quiconque a une conscience et croit en Dieu sait bien que lorsqu'il a péché volontairement, Dieu s'éloigne, se détourne de lui, lui témoigne son déplaisir et son mécontentement* »[8].

Quoi qu'il en soit, c'est Dieu lui-même qui, d'après le N.T., a pris l'initiative de la réconciliation (Ro. 5:10,2Co. 5:18-20, Col. 1:20,23, cf. Jn. 3:16). C'est là la substance même de l'Évangile, le contenu essentiel de la « bonne nouvelle ». De même, d'après l'ensemble du N.T., le grand moyen de la réconciliation, c'est le Christ lui-même et son œuvre, et plus spécialement encore sa mort sur la croix (Mr. 10:4514:24, Jn. 3:1410:15, Ac. 3:264:12, Ro. 3:21-268:3 et suivants, He. 9:14,1Pi. 3:18,1Jn. 4:10). Comment la mort du Christ a-t-elle pu produire un tel résultat ? De multiples explications ont été proposées au cours des siècles pour rendre compte du grand fait rédempteur. Théories juridiques, morales, solidaristes... Les unes et les autres se partagent encore les esprits et peuvent contenir des éléments de vérité, par lesquels elles se complètent plus qu'elles ne s'excluent. Voici, sommairement énoncée, celle qui nous parait le plus satisfaisante.

Pour que la réconciliation puisse s'opérer, il importe évidemment que disparaisse la cause même de l'inimitié ressentie : le péché. Il faut donc que l'homme se repente, désavoue son passé de péché et meure à lui-même, à son moi égoïste et pécheur, pour ne plus s'attacher désormais qu'à la sainte volonté de Dieu. Mais cela, il est devenu foncièrement incapable de le faire par ses propres forces. Il faut donc que quelqu'un d'autre et de plus puissant, s'identifiant à lui aussi complètement que possible, revêtant son humanité, le fasse pour lui. Or, c'est justement ce que le Dieu Sauveur a voulu faire pour nous en Jésus-Christ.

---

8. ***Ch. Babut, Etablissement biblique, sur la Rédemption, (S.d) p. 120.***

Par son incarnation, le Christ est entré volontairement dans notre condition terrestre, et en lui l'humanité s'est, pour ainsi dire, renoncée elle-même. Elle s'est laissé crucifier en lui, avec lui, pour revivre avec lui d'une vie toute nouvelle, cette fois en plein accord avec la volonté de Dieu. Dès lors, l'expiation du péché est faite, la réconciliation avec Dieu est possible. La nature humaine peut être désormais en paix avec Dieu.

Toutefois, ce que Jésus-Christ, le « second Adam », a accompli en principe pour l'humanité tout entière, doit se reproduire, grâce à l'action du Saint-Esprit, dans chaque individu en particulier. Par la foi, le chrétien s'unit à son Sauveur, reconnait la valeur et l'entière efficacité de son œuvre expiatoire et rédemptrice, et consent à mourir mystiquement à lui-même pour revivre spirituellement avec lui et par lui. Telle est, du côté de l'homme, la condition non seulement du pardon de ses péchés, mais aussi de sa régénération et de sa sanctification, comme de son espérance pour l'au-delà. L'œuvre de rédemption commencée par Dieu en Jésus-Christ se poursuit dans le monde à travers les générations par la prédication de l'Evangile, Dieu *« ayant mis dans ses serviteurs la parole de la réconciliation* » (2Co. 5:18 et suivant).

Remarquons enfin que, d'après un passage d'ailleurs assez mystérieux de l'épître aux Colossiens (Col 1:19, cf. Ep. 1:10), l'œuvre de réconciliation accomplie par Jésus-Christ parait bien avoir une portée décisive non seulement pour l'humanité terrestre, mais pour l'univers tout entier. J. Cousin dans l'un de ses textes déclare, en effet, qu' « *Il a plu (à Dieu) de réconcilier toutes choses avec lui-même, tant ce qui est sur la terre que ce qui est dans les cieux* »[9].

9. J. Cousin, <u>Livre de Perspective</u> (Paris chez J. Le Royer dans Bég. Dessin 1978), P.134

2.2– Pardon et Réconciliation dans la Bible

a- Pourquoi avons-nous besoin d'être réconciliés avec Dieu ?

Imaginez deux amis qui se disputent ou se battent. Leur relation, auparavant bonne, est tendue, au bord de la rupture. Ils cessent de se parler car la communication est devenue trop difficile. Ces amis deviennent petit-à-petit des inconnus l'un pour l'autre. Un tel dénouement ne peut être évité que par la réconciliation, par laquelle l'amitié et l'harmonie sont restaurées. Quand deux anciens amis trouvent une solution à leurs différends et renouent leur relation, il convient de rappeler que cela signifie qu'il y a eu réconciliation. *(2Co. 5 :18-19)* « *Et tout cela vient de Dieu qui nous a réconciliés avec lui par Christ et qui nous a donné le ministère de la réconciliation. En effet, Dieu était en Christ : il réconciliait le monde avec lui-même en ne chargeant pas les hommes leurs fautes, et il a mis en nous la parole de la réconciliation.* »[10]

La Bible dit que Christ nous a réconciliés avec Dieu (Ro. 5 :10, Col. 1 :20-21). S'il a fallu une réconciliation, cela signifie que notre relation à Dieu était brisée. Puisque Dieu est saint, c'est forcément à cause de notre faute. Notre péché nous a séparés de lui. Romains 5 :10 dit que nous étions ennemis de Dieu en ces termes : « *En effet, si nous avons été réconciliés avec Dieu grâce à la mort de son Fils lorsque nous étions ses ennemis, nous serons à bien plus forte raison sauvés par sa vie maintenant que nous sommes réconciliés.* » En mourant sur la croix, Christ a satisfait au jugement de Dieu, pour que nous, ses ennemis, puissions être en paix avec lui. Notre réconciliation avec Dieu implique donc sa grâce et le pardon de nos péchés. Grâce au sacrifice de Jésus, notre relation avec Dieu a changé : *alors que nous étions ses ennemis, nous sommes devenus ses amis* ; Jean 15 :15 affirme : *« Je ne vous appelle plus serviteurs [...] mais je vous ai appelés amis* ». La réconciliation chrétienne est une vérité glorieuse ! Nous étions ennemis de Dieu et sommes devenus ses amis. Nous étions condamnés à cause de nos péchés, mais maintenant nous sommes pardonnés. Nous étions en guerre avec Dieu, maintenant nous avons une paix qui surpasse toute intelligence (Ph. 4 :7).

---

10. l'avenir prévisible, Une perspective agréable, p. 531

La liturgie des Heures propose fréquemment deux psaumes à notre prière : les Psaumes 49 et 50. Il conviendrait de lier davantage l'un à l'autre car ils se répondent. Dans le premier, l'homme est « mis en examen » par le Seigneur (v. 16-21). Il répond dans le second en implorant le pardon. L'accusation de Dieu est forte. Convoquant le ciel et la terre comme témoins au jugement de son peuple, il accuse le peuple de l'honorer des prières et par ses liturgies mais de garder son cœur est loin de lui. Le Psaume 50 (v. 4-9) exprime la réponse de la personne qui, reconnaissant sa faute, devient prête au pardon.

Le mal et l'injustice, les affrontements et les guerres qui sont au cœur de l'expérience quotidienne des êtres humains appellent en effet le pardon et la réconciliation comme conditions nécessaires du « ***vivre ensemble*** ». Nous ressentons spontanément le mal que d'autres nous font ou se font entre eux, alors qu'il nous est plus difficile de percevoir le tort que nous faisons aux autres. De ce fait, nous avons tous un « sens inné de la justice ». Il ne nous est pas difficile de dire : « Ceci est injuste », tant que nous ne sommes pas partie prenante de l'acte incriminé.

b.- ***Être miséricordieux est le propre de Dieu***

Dans le Premier Testament, Dieu n'est pas un Dieu terrible. S'il se met en colère, c'est en raison de sa tendresse. Il est meurtri par le mal que l'être humain se fait à lui-même lorsqu'il ne respecte pas la Loi divine. Cependant, *« Sa colère ne dure qu'un instant, sa bonté, toute la vie.* » (Ps. 29 :6). Il a formé dès l'origine le projet d'envoyer son Fils unique, icône de sa miséricorde (Jn. 3 :16-17). Jésus a appelé en toute liberté des pauvres et des pécheurs à le suivre (Mc. 2 :13-17). Il s'est invité chez Zachée, un chef des publicains (Lu 19 :1-10). Il a accueilli la femme adultère et ne l'a pas condamnée, sans pourtant laisser croire que ce qu'elle a fait lui était indifférent (Jn. 8 :10-11). Tandis que, pour ses accusateurs, la loi compte plus que la personne, pour Jésus, la personne a priori. Les accusateurs jugent et font mourir ; Jésus aime et son amour convertit et fait vivre. Parce que son attitude est résolument de miséricorde et de pardon, Jésus s'attire sarcasmes et accusations de la part des responsables de son peuple. Pour se défendre et s'expliquer, il leur répond par les paraboles de la miséricorde (Lu. 15). Dans la parabole de l'enfant prodigue (15 :11-32), le père ne cherche pas à dissuader son fils de partir. Il lui laisse la liberté et lui donne son héritage. Mais lorsqu'il voit de loin le fils qui revient vers lui, il court à sa rencontre, montrant à quel point il attendait un signe de sa part. Dieu est l'espérance de l'être humain angoissé. Dieu redonne confiance dans la vie aux enfants insatisfaits. Dieu les étreint. Dieu est notre espérance. Mais nous sommes aussi l'espérance de Dieu. Il ne désespère jamais, dans l'attente de notre conversion et de notre retour. S'il est vrai que cette parabole contient le portrait de Dieu, elle propose également le portrait de l'être nouveau dans le Christ.

Dieu désire tellement la réconciliation qu'il la veut pour nous et avant nous. Il ne supporte pas la séparation entre lui et nous. Alors que nous nous en sommes allés, que nous ne répondons pas à son amour et que cela nous affecte, nous coupant de la vie, nous détruisant, lui, cela ne le détruit pas. Au contraire, il ne veut pas notre malheur parce qu'il nous aime et veut notre bien. Il veut notre croissance humaine et spirituelle (Jo. 2 :12-).

Lorsque nous faisons retour sur nous-mêmes, dans cette vérité qui rend libre (cf. Jn. 8 :32), nous voyons bien que nous sommes partagés entre le bien que nous souhaitons sans y parvenir et le mal que nous faisons alors que nous ne le voulons pas (cf. Ro. 7). Nous sommes partagés. Nous avons un cœur partagé : c'est le mystère du péché. Face à ce mystère, nous courons deux risques. Le premier consiste à ne pas prendre ce mal au sérieux, tirant à bon compte notre épingle du jeu. Madame de Sévigné dira de ce fait : « *Je suis pécheur, comme tout le monde. Il y en a de plus pécheurs que moi. Tout ça n'est pas bien grave. Le Christ nous a sauvés, pas la peine de nous inquiéter.* »[11]

Ce quiétisme est mortifère, comme le souligne saint Augustin : « *Cette pensée que je n'étais pas pêcheur m'empêcha de guérir.* »[12]

L'autre risque consiste à nous enfermer dans notre histoire de péché, à y trouver du dépit face au Créateur, à nous juger nous-mêmes et nous laisser condamner par une loi qui n'est plus parole de vie. Or, la véritable conversion n'est pas de nous sentir coupable mais de découvrir l'immensité du pardon de Dieu. Avec lui, nous apprenons à « *Avoir de la douceur avec soi-même car le centre du mal, c'est tourné autour de soi.*»[13]

Nous n'évitons cet écueil qu'en accueillant une image vraiment positive de Dieu, de sa miséricorde et de son désir d'alliance avec nous.

---

11. Madame de Sévigné ; lettres, (éd. Duchêne, t.2), P.379
12 Saint Augustin, Confessions, (V.10.18)
13 Mme de Sévigné ; Lettres, (éd. R. Duchêne, t. II, ibid.), p. 531)

Devant Dieu qui nous aime, qui ne nous juge jamais mais qui désire notre bonheur, notre réponse sera simple : entrer dans le combat contre le péché et faire grandir en nous la réponse à son appel. Car nous sommes tous appelés à la sainteté. Témoin et acteur de la Miséricorde de Dieu.

Le pardon dont parle le Notre Père, n'est pas seulement celui que nous demandons à Dieu, c'est celui que nous nous donnons les uns aux autres. Ce pardon est d'une extrême importance, dans la mesure où il conditionne celui que nous pouvons attendre du Père (Mt 6 :14-15). L'Église en effet, selon saint Augustin, c'est « *le monde réconcilié* ». Nos désirs et nos besoins sont contradictoires : « *J'ai besoin de silence, mais toi, tu as besoin de parler...* » « *Je voudrais aller au cinéma, mais tu veux aller voir ton père...* » Qu'il y ait des conflits entre nous ne devrait pas nous étonner. L'étonnant est que nous ayons tant de mal à dépasser ces frictions. Le pardon est la perfection du don. L'amour ne peut survivre que dans et à travers la réconciliation fréquente.

Beaucoup d'êtres humains ont offert le pardon là où la haine aurait pu tout submerger. Parfois, le pardon a été offert simplement dans le but de ne pas se laisser entraîner dans la spirale de la haine. J. Cousin dira qu'il pense à cette prière retrouvée sur le corps d'un enfant dans le camp de concentration de Ravensbrück, en Allemagne, à la fin de la guerre : « *Seigneur, rappelle-toi aussi des hommes et des femmes au cœur mauvais. Mais ne te souviens pas des souffrances qu'ils nous ont infligées, souviens-toi des fruits que nous avons portés grâce à elles notre camaraderie, notre loyauté, notre humilité, notre courage, notre générosité, la grandeur de cœur qui s'est déployée à partir de tout cela et lorsqu'ils viendront au jugement, fais que ces fruits soient leur pardon.* »[14]

c -Réconciliation, vue de Paul ROSSEL

Depuis que le péché, par la transgression d'Adam, est entré dans le monde, l'homme s'est éloigné de son Créateur. Il est devenu un ennemi de Dieu, étranger et ennemi quant à son entendement dans les mauvaises œuvres (Col. 1 : 21). C'est dire que, s'il veut retrouver le chemin de la bénédiction, il doit être réconcilié avec Dieu.

Or, qu'est-ce que la réconciliation ? C'est le rétablissement de relations avec Dieu que l'homme, coupable, a rompues ; c'est l'établissement d'une bienheureuse et paisible relation avec Dieu. Par quel moyen la réconciliation peut-elle avoir lieu ? - Il n'y en a qu'un : l'œuvre de la croix que le Seigneur Jésus a accomplie « **dans le corps de sa chair, par la mort** » (Col. 1 : 22).

---

14. J. Cousin, <u>Livre de perspective</u> (Paris chez J. Le Royer dans Bég. Dessin 1978), P.230

Il est aussi écrit : « *Étant ennemis, nous avons été réconciliés avec Dieu par la mort de son Fils* » (Ro. 5 : 10) et Dieu « *nous a réconciliés avec lui-même par Christ* » (2 Cor. 5 : 18).

Il est à noter qu'il n'est jamais dit que Dieu se réconcilie avec l'homme. Dieu ne s'est pas éloigné de l'homme, il n'est jamais devenu son ennemi. Nul besoin n'est donc pour Dieu de se réconcilier avec l'homme. C'est l'homme qui est réconcilié avec Dieu, dès qu'il a placé sa confiance en Jésus et son sacrifice.

A qui s'applique la réconciliation ? Elle est double, s'appliquant à des personnes et à des choses.

Les personnes : ceux qui croient sont réconciliés avec Dieu présentement.

Les choses : la création, qui est souillée à cause du péché, les cieux et la terre de maintenant ne connaissent pas encore cette réconciliation. Elle sera connue bientôt, dans le millénium d'abord, puis dans l'état éternel, d'où le mal sera absolument banni (Col.1:20-21). Cette double réconciliation était déjà représentée sous l'Ancienne alliance. Au grand jour des propitiations les personnes, c'est-à-dire les sacrificateurs et le peuple, étaient placés sous l'aspersion du sang. Il en était de même des choses, du tabernacle et des objets (Lév. 16 : 33). Paul Rossel dit : « *La propitiation est en effet le fondement de la réconciliation de l'homme pécheur et, quand le temps en sera venu, de celle de l'univers* »[15]

Quel est le but de la réconciliation ? « *Afin... qu'il les réconciliât tous les deux, est-il écrit, en un seul corps à Dieu par la croix* » (Ep. 2 : 16). Les croyants issus du peuple juif et les croyants d'entre les nations forment désormais un seul corps, le corps de Christ. Et par quel moyen ? Par un seul moyen, la croix. Les uns et les autres sont réconciliés à Dieu par la croix, de sorte que maintenant ils ont un libre accès auprès du Père (Ep. 2 : 18).

Quel est le service de la réconciliation ? Il est la proclamation de la réconciliation, dont on a dit que c'était la bénédiction la plus élevée de l'Evangile. « *Dieu qui nous a réconciliés avec lui-même par Christ... nous a donné le service de la réconciliation* » (2 Cor. 5 : 18). Un tel service a été accompli tout d'abord par le Seigneur Jésus, lorsqu'il est venu au milieu des hommes : « *Dieu était en Christ, réconciliant le monde avec lui-même* » (v. 19). Il s'est ensuite réalisé par les apôtres : « *Dieu... mettant en nous la parole de la réconciliation* » (v. 19). Ils suppliaient pour Christ : « *soyez réconciliés avec Dieu !* » (v. 20), et cette supplication se fait entendre aujourd'hui encore.

En un temps fort lointain, Job avait déjà entendu pour lui-même cet appel : « *réconcilie-toi avec Lui, je te prie, et sois en paix : ainsi le bonheur t'arrivera* » (Job 22 :21). Réconciliation, paix et bonheur, ce sont là les bénédictions que l'Evangile révèlerait un jour en plénitude.

---

15 Paul ROSSEL (M.E. 1867/407).

16 Pierre Rossel source https://www.bible-notes.org/lexique-42-reconciliation.html

Quel est le fondement de la réconciliation ? C'est l'œuvre de la croix où Dieu l'a fait devenir péché pour nous, Celui qui n'avait pas connu le péché (2 Cor. 5 : 21). Il fallait que Christ, sainte Victime, prît la place de l'homme pécheur sous le jugement de Dieu, pour que nous fussions à jamais réconciliés avec lui.

2.2.3 – Le Ministère de la réconciliation

a. Introduction

Nous avons tous un chemin particulier préparé par Dieu, un appel qui nous est propre. Il est clair que chacun a une portion différente. Ici Il y a différents serviteurs et servantes : louange, enfants, accueil, jeunesse, social…Autant d'activités différentes qui demandent une compétence spécifique. Et pourtant, si l'Eglise est si différente, variée, chacun de nous a un point commun. Si dans la forme nous sommes tous différents…nous avons tous une même vocation, un même objectif, une même raison d'être : **Le ministère de la réconciliation.** Il y a un texte fondamental qui aborde ce thème et sur lequel nous allons nous arrêter pour avoir une vision claire et pratique de ce qu'est le ministère de la réconciliation (2 Co. 5.16-20).

16 : Ainsi, dès maintenant, nous ne connaissons personne selon la chair; et si nous avons connu Christ selon la chair, maintenant nous ne le connaissons plus de cette manière.

17 : Si quelqu'un est en Christ, il est une nouvelle créature. Les choses anciennes sont passées; voici, toutes choses sont devenues nouvelles.

18 : Et tout cela vient de Dieu, qui nous a réconciliés avec lui par Christ, et qui nous a donné le ministère de la réconciliation.

19 : Car Dieu était en Christ, réconciliant le monde avec lui-même, en n'imputant point aux hommes leurs offenses, et il a mis en nous la parole de la réconciliation.

20 : Nous faisons donc les fonctions d'ambassadeurs pour Christ, comme si Dieu exhortait par nous; nous vous en supplions au nom de Christ : Soyez réconciliés avec Dieu.

b. Réconcilié pour réconcilier

‘’*Et tout cela vient de Dieu, qui nous a réconciliés avec lui par Christ, et qui nous a donné le ministère de la réconciliation.*’’ (2Co. 5 :18). Ce que Paul dit ici est fondamental ; toute Ma vie chrétienne dépend de cette compréhension de base, et encore plus mon service. Je suis réconcilié avec Dieu pour réconcilier L’œuvre de la Croix à un seul but : Le salut !

1 : Mes petits-enfants, je vous écris ces choses, afin que vous ne péchiez point. Et si quelqu'un a péché, nous avons un avocat auprès du Père, Jésus-Christ le juste. (1 Jn. 2 :1-2)

2 : Il est lui-même une victime expiatoire pour nos péchés, non seulement pour les nôtres, mais aussi pour ceux du monde entier. Jésus est une victime expiatoire pour nos péchés qui engendre trois actions majeures : efface, rachète, transforme. La fonction de Christ est de racheter l’éternité et d’effacer les péchés. La fonction de Christ n’est pas la bénédiction, le ministère, l’épanouissement. Non ! Tous ceux-là ne sont que des conséquences du rachat. La croix est tellement puissante qu’elle affecte passé, présent, futur (2 Co. 5 :17). Si quelqu'un est en Christ, il est une nouvelle créature. Les choses anciennes sont passées; voici, toutes choses sont devenues nouvelles : Tout est le fruit de la Croix! Il y a donc 2 manières de voir la vie chrétienne : vivre pour la croix et en récolter les bons fruits ; vivre pour les fruits au risque d’oublier la croix. Ce dont on parle ne paraît rien mais c’est fondamental.

Pourquoi l’Eglise (de manière générale) ne grandit plus ? Pourquoi y’a-t-il beaucoup de croyants frustrés ? Pourquoi peu de miraculeux ? La réponse est là ! (Mc 16 : 15-18)

15 : Puis il leur dit : Allez par tout le monde, et prêchez la bonne nouvelle à toute la création.

16 : Celui qui croira et qui sera baptisé sera sauvé, mais celui qui ne croira pas sera condamné.

17 : Voici les miracles qui accompagneront ceux qui auront cru : en mon nom, ils chasseront les démons; ils parleront de nouvelles langues;

18 : Ils saisiront des serpents; s'ils boivent quelque breuvage mortel, il ne leur fera point de mal; ils imposeront les mains aux malades, et les malades, seront guéris.

Beaucoup de croyants regardent souvent les effets de ce texte : « Les miracles qui accompagneront ceux qui auront cru... » Le mot accompagné, ici, est « Parakoloutheo » : Litt : Suivrons de près, confirmerons, apporterons une authentification de la compréhension.... C'est une action forte garantie par Jésus. Si on comprend bien ce texte il y a un lien direct entre la mission et les effets de l'accomplissement de la mission dans les V15 et 17. En d'autres termes si tu comprends que tu es réconcilié pour réconcilier et que tu vis pour cela : « voici... ». Souvent le manque de miracle, le manque de puissance de l'Eglise moderne est associé à son manque de piété...et c'est sans doute vrai. Clairement, il y a un lien entre piété et action de Dieu. Mais, j'aimerai vous proposer qu'une des raisons pour lesquelles il y a un manque de puissance c'est aussi parce que l'Eglise moderne est peu concernée par le ministère de la réconciliation.

Parfois un manque de Prière à cause de la pression de la tâche mais une action de Dieu sans précédent. Il y a donc un mandat fort, ainsi qu'une provision : Réconcilié pour Réconcilier. Un ministère de Réconciliation Revenons à (2 Co 5) notre texte de base de cet investigation.

18 *: Et tout cela vient de Dieu, qui nous a réconciliés avec lui par Christ, et qui nous a donné le ministère de la réconciliation.*

c. **Un ministère donné** :

Il a fait de nous un Être, ouvrier de la réconciliation qui n'est pas un objectif, c'est ce que je suis. Il l'a fait en nous. (Mt5.13-16) Vous êtes le sel de la terre. Mais si le sel perd sa saveur, avec quoi la lui rendra-t-on? Il ne sert plus qu'à être jeté dehors, et foulé aux pieds par les hommes. Vous êtes la lumière du monde. Une ville située sur une montagne ne peut être cachée, et on n'allume pas une lampe pour la mettre sous le boisseau, mais on la met sur le chandelier, et elle éclaire tous ceux qui sont dans la maison. Que votre lumière luise ainsi devant les hommes, afin qu'ils voient vos bonnes œuvres, et qu'ils glorifient votre Père qui est dans les cieux. Jésus utilise une évidence pour nous montrer ce que nous sommes, Le sel sale, La lumière brille... le v16 de ce passage est particulièrement intéressant car à aucun moment Jésus ne dit de prier pour devenir une lumière : Non ça on l'est déjà. La Bible anglaise traduit laisse apparaître ceci :"laissez briller la lumière... Elle est déjà là mais maintenant c'est à nous de luire. Si une lumière refuse de briller, elle n'a plus de vocation et c'est ce que Jésus dit avec le sel en des mots très fort "jeté dehors et foulé aux pieds".

d. Quel Ministère?

Diakonia: c'est un mot large qui signifie "servir ceux qui sont dans le besoin" C'est important ce mot. Ici, Paul ne dit pas qu'il a donné l'apostolat de la réconciliation cela aurait voulu dire que seul les apôtres auraient eu cette vocation et cela aurait réduit le champ d'application du ministère de la réconciliation ou encore le pastorat. Mais le diakonia c'est vraiment le service de base, le service de tous, même matériel. En d'autres mots, il n'y a pas de service qui travaille à la réconciliation des perdus et d'autres qui travaillent à l'édification du peuple de Dieu. Tout ce qui prend place dans l'église a pour but, et pour unique but, la réconciliation. Là aussi il y a un vrai point de réflexion : La société moderne est imbibée de l'esprit égoïste et hédoniste. L'église moderne est influencée par cet état d'esprit, la conséquence est que l'église perd sa vocation. Elle est plus centrée sur "l'édification", les services rendus aux membres que sur la réconciliation. Exemple : les débuts de Nouvelle vie et le schisme Dans la majorité des églises 80% du programme visent les chrétiens et on décrète 20% qui seront l'évangélisation. La réconciliation n'est tellement pas un feu, une priorité qu'il faut l'institutionnaliser. Sauf que Paul dit l'inverse : le "diakonia" a pour objectif la réconciliation. Donc toute l'église dans chacun de ses aspects doit avoir cet objectif. Tout service doit avoir cet objectif.

Un exemple concret : la louange C'est le service pour les chrétiens par excellence et pourtant il peut travailler à la réconciliation. On peut jouer sur le contenu des chants, la durée du programme, modernité du programme, la louange collective, pour l'église qui vit pour son bien-être, c'est inacceptable. Pour l'église qui vit pour la réconciliation, c'est essentiel. Le service ne vise pas le serviteur, son plaisir personnel mais ceux envers lesquels je sers : pas mon confort mais les amener à Jésus.

La réconciliation 18 Et tout cela vient de Dieu, qui nous a réconciliés avec lui par Christ, et qui nous a donné le ministère de la réconciliation. ''katalage'' : échange, réconciliation C'est un mot utilisé par les changeurs de monnaie pour parler de la transaction de conversion d'une monnaie dans une autre "katalasso". L'objectif du croyant est donc d'amener à la réconciliation. Qu'il y ait un échange entre la situation de séparation et la situation de régénération, nous sommes donc appelés à réconcilier, à vivre, travailler, servir, se donner pour cela. Réconcilier c'est amener la personne à une relation normale, sans à priori, ou gêne afin qu'elle puisse avoir la liberté de développer une intimité sans obstacle et dépouillé de tout faux raisonnement. C'est donc bien plus qu'amener à l'église ou prendre rendez-vous avec le pasteur.

e. Réconcilier avec Dieu

1er Aspect : La réconciliation relationnelle. Notre travail premier est d'encourager, de viser, de prier pour que les "sans Dieu" retrouvent une relation avec lui au travers de Jésus. La réconciliation c'est reprendre une relation. C'est notre défi en tant que croyant, en tant que serviteur, en tant que leader, en tant que ministre : notre objectif est le même.

2ème Aspect : La réconciliation conceptuelle. Le problème de beaucoup de personnes n'est pas la méconnaissance de Dieu mais la connaissance fausse sur Dieu. Réconcilier c'est rétablir une vision claire de Jésus, le présenter tel qu'il est sans accentuer ou atténuer, ce qui me plaît ou pas ; mais en le présentant bibliquement. Une vision erronée de Jésus empêche une réconciliation ou freine fortement la vie chrétienne.

3ème Aspect : une réconciliation intime. Amener à la réconciliation ce n'est pas juste ramener au contact mais travailler à ce que l'intimité avec le Père, le Fils et le Saint Esprit soit rebâtie. Pas juste une réconciliation intellectuelle mais amoureuse.

f. Réconcilier avec l'Eglise

1er Aspect : la réintégration dans le corps de Christ. Beaucoup de gens ont une vision négative de l'Eglise, et l'envisage comme un bâtiment. La vraie réconciliation est de ramener un individu à reprendre sa place dans le corps, à se sentir inclus, membre. Réconcilier c'est donc amener plus loin que la conversion, c'est faire découvrir les fondamentaux de la vie chrétienne dont l'Eglise est une pierre angulaire ("faites de toutes les nations des disciples..." Pas seulement des croyants).

2ème Aspect : une compréhension de la nécessité du corps. Réconcilier avec l'Eglise c'est non seulement la réintégrer mais plus encore réaliser la nécessité, le besoin, d'être vivant dans ce corps.

3ème Aspect : la découverte d'un épanouissement. La réconciliation est complète quand la croissance reprend, quand la vitalité et l'épanouissement sont une réalité. Voilà un objectif ambitieux de la réconciliation.

g. Réconcilier avec l'autre

1er Aspect : Travailler à l'harmonie relationnelle. En tant que serviteur, une de mes fonctions de base, est ce travail continu pour que les relations soient saines, vraies, et pacifiées autour de moi. Paul dans 2 Corinthiens 5.20 parle de notre rôle d'exhortation, rôle qu'il développe souvent dans les épîtres en mettant en avant le rôle de chacun de modérateur relationnel, mais plus encore d'agent de valorisation dans les rapports humains.

2ème Aspect : Être une sentinelle émotionnelle. Le serviteur est appelé à avoir une vision au-delà de son service et réaliser qu'au-delà de tout il travaille pour le Royaume de Dieu. Dans ce travail Jésus attends de nous une veille. *« Si ton frère a péché, va et reprends- le entre toi et lui seul. S'il t'écoute, tu as gagné ton frère. Nous travaillons contre le péché...le ministre de la réconciliation empêche les péchés relationnels, et se pose en sentinelle, et en agent de changement. Et il communique cette vision autour de lui. »* (Mt. 18 :15)

3ème Aspect : Produire des supporters. (Col. 3.13) Supportez-vous les uns les autres, et, si l'un a un sujet de se plaindre de l'autre, pardonnez-vous réciproquement. De même que Christ vous a pardonné, pardonnez-vous aussi. Je ne peux produire que ce que je suis : un supporter produira et fréquentera des supporters, un antagoniste produira et fréquentera des antagonistes. Le ministère de la réconciliation produit des "conciliateurs"

2.2.4- **Comment obtenir la réconciliation avec Dieu ?**

Par nos propres efforts en essayant d'être juste ?

En accomplissant des œuvres ? Non.

Trop souvent, nous avons recours à notre propre justice et même nous nous y réfugions facilement. Rappelons-nous ce que nous avons dit plus haut. Le péché nous amène à la mort. Alors posons-nous cette question : Comment un mort spirituel peut-il produire une propre justice ou des œuvres d'expiation ou de rachat ? Nous sommes souvent habités par l'inconscience, l'aveuglement et l'orgueil dans nos propres vies. La propre justice n'est rien d'autre qu'un vernis que nous mettons sur un mort pour lui redonner l'apparence de la vie, mais l'intérieur reste sans vie, nauséabond. Jésus le dit aux pharisiens : *«Malheur à vous, scribes et pharisiens hypocrites ! Parce que vous ressemblez à sépulcres blanchis, qui paraissent beaux au-dehors, et qui, au-dedans, sont pleines d'ossements de mort et toute espèce d'impuretés »* (Mt. 23 :27).

La propre justice dégage l'odeur de l'enfer, de la mort. Elle est insupportable pour Dieu et il s'en détourne. Il n'accorde pas le pardon par indulgence ou complaisance, mais simplement parce qu'il est bon et amour.

Il en est de même pour ceux qui pensent ou cherchent à obtenir la faveur ou le pardon de Dieu par les indulgences. Dieu exerce sa justice avec miséricorde, amour, grâce, par le sang de Jésus versé sur l'autel. Il nous l'offre, c'est à nous de l'accepter.

Il ne nous a jamais demandé d'indulgence, même des indulgences achetées avec de l'argent ou des œuvres, encore moins des mortifications. Il n'y a jamais de pardon accordé sans que la justice de Dieu soit satisfaite.

Beaucoup brandissent les versets suivants pour se donner bonne conscience et s'accorder comme une dose de tranquillisants ou de somnifères : *« Car Dieu a tant aimé le monde qu'il a donné son Fils unique, afin que quiconque croit en lui ne périsse point, mais qu'il ait la vie éternelle. Dieu, en effet, n'a pas envoyé son Fils dans le monde pour qu'il juge le monde, mais pour que le monde soit sauvé par lui» (Jn. 3 : 16 et 17).*

Mais ils omettent de placer ces versets dans leur contexte. Ils les détachent des versets suivants. Il est plus facile de croire en l'amour de Dieu sans être obligé de s'engager ou de prendre position. *« Celui qui croit en lui n'est point jugé ; mais celui qui ne croit pas est déjà jugé, parce qu'il n'a pas cru au nom du Fils unique de Dieu. Et ce jugement c'est que, la lumière étant venue dans le monde, les hommes ont préféré les ténèbres à la lumière, parce que leurs œuvres étaient mauvaises » (Jn. 3 : 18 et 19).*

Beaucoup de personnes se méprennent tragiquement sur la bonté de Dieu. Elles ne la connaissent pas, ou la connaissent mal, ou par des ouï-dires. Elles se disent : Dieu est bon, il a donné son Fils afin que nul ne périsse. Tout cela est vrai, mais à condition que sa justice soit satisfaite. Sa bonté n'annulera jamais sa justice.

Dieu a accompli sa part, maintenant il nous appartient d'agir selon sa volonté et de rentrer dans Son plan de vie. Il nous demande de croire dans celui qu'il a envoyé, Jésus, et dans son œuvre accomplie sur la croix.

Dieu considère tous nos efforts de propre justice comme un vêtement souillé qui sent mauvais : *« Nous sommes tous comme des impurs, et toute notre justice est comme un vêtement souillé ; nous sommes tous flétris comme une feuille, et nos crimes nous emportent comme le vent » (Es. 64 : 5)*

Mais Dieu nous aime trop pour nous laisser dans cette situation. Oui ! Dieu nous aime trop pour nous laisser dans ce gâchis et dans les mains de celui qui est venu usurper, voler et détruire sa famille. Car en créant Adam et Eve, Dieu désirait se donner une grande famille. Il n'a pas renoncé. Un des premiers buts de Jésus en venant sur cette terre est de redonner cette famille à son Père.

2-2-5 - <u>Dieu va agir en deux temps</u>

1. Dieu donne une loi, la loi de Moïse.

- Les sacrifices d'animaux.
- Le droit de rachat.
- La foi avec Abraham.

2. Le salut par grâce ou l'œuvre accomplie par Jésus sur la croix. Nous précisons tout de suite que, dans le péché, nous discernons deux aspects :

- Les fruits ou la partie visible (mensonge, vol, adultère, colère etc.)
- L'arbre qui produit le fruit c'est-à-dire la partie cachée, le cœur : notre nature de ténèbres ou pécheresse, de fils et de filles de la rébellion.

Avant que Dieu donne la loi de Moïse, le péché existait dans le monde mais il n'y avait pas de loi pour le sanctionner. Cette nature pécheresse existait depuis la chute d'Adam et produisait ses fruits : le péché ou de mauvais fruits dont nous rougissons aujourd'hui. En l'absence de loi, il n'y avait pas de condamnation. *« Car jusqu'à la loi le péché existait dans le monde. Or le péché n'est pas imputé, quand il n'y a pas de loi » (Rm. 5 : 13 et 14).*

La France est un pays qui a décapité son roi, c'est-à-dire la tête de l'autorité. Aujourd'hui nous en récoltons les conséquences spirituelles dans lesquelles nous évoluons et qui nous influencent d'une manière négative dans notre relation avec Dieu. Nous élevons plus facilement le poing vers le ciel que nous ne courbons la nuque par crainte respectueuse devant Dieu.

Par exemple, dès que nous entendons parler d'une nouvelle loi, nous pensons aux contraintes auxquelles nous allons être obligés de nous soumettre. Nous craignons de perdre notre liberté. Beaucoup cherchent un moyen de contourner cette loi et d'y échapper.

Nous sommes plus enclins à examiner le côté négatif que l'aspect positif, éducatif et de protection. Satan a choisi cette méthode quand il s'est présenté devant Eve dans le jardin d'Eden.

Bien-sûr, nous ne parlons pas des lois qui s'élèvent contre les principes du royaume de Dieu ni de celles qui aménagent le péché, le favorise ou appelle bien ce qui est mal et mal ce qui est bien. *« Que dirons-nous donc la loi est-elle péché ? Loin de là ! Mais je n'ai connu le péché que par la loi. Car je n'aurais pas connu la convoitise, si la loi n'avait dit, Tu ne convoiteras point» (Ro.7:7). « Mais chacun est tenté quand il est attiré et amorcé par sa propre convoitise. Puis la convoitise, lorsqu'elle a conçu, enfante le péché ; et le péché, étant consommé, produit la mort » (Ja. 1 : 14 et 15).*

C'est exactement la méthode ou le piège que Satan a employé avec Adam et Eve dans le jardin d'Eden. Avec ses paroles mensongères, il déclenche la convoitise. La convoitise conduit au péché et le péché enfante la mort : *« Mais non vous ne mourrez point, mais vos yeux s'ouvriront, vous serez comme Dieu. »* Dieu leur avait donné un seul interdit et Satan attire leur attention seulement sur cet interdit. Il ne vante jamais les bénédictions de Dieu à moins que ce soit pour nous souffler à l'oreille : Elles ne sont pas pour toi, Dieu ne t'aime pas assez pour cela ou tu ne les mérites pas, tu es trop pécheur. *« Or, la loi est intervenue pour que l'offense abonde, mais là où le péché a abondé, la grâce a surabondé, afin que, comme le péché a régné par la mort, ainsi la grâce règne par la justice pour la vie éternelle, par Jésus–Christ notre Seigneur ». (Ro. 5 : 20 et 21).*

La loi précise que le sang devait être versé seulement pour les péchés commis involontairement. Pour les péchés volontaires, la sanction était la mort. *« Celui qui a violé la loi de Moïse meurt sans miséricorde, sur la déposition de deux ou trois témoins ». (Hé. 10-28).* La loi est intervenue pour que le péché soit révélé. La loi révèle le péché ou les mauvais fruits. Elle rend le péché condamnable mais elle est impuissante pour mettre à mort notre nature pécheresse ou nous donner une nouvelle nature, c'est-à-dire retrouver notre première nature : *« créés à la ressemblance et à l'image de Dieu ».*

C'est par la loi que vient la connaissance du péché. *« Or, nous savons que tout ce que dit la loi, elle le dit à ceux qui sont sous la loi, afin que toute bouche soit fermée, et que tout le monde soit reconnu coupable devant Dieu. Car personne ne sera justifié devant lui par les œuvres de la loi, puisque c'est par la loi que vient la connaissance du péché » (Ro. 3 : 19 et 20). « Car tous ceux qui s'attachent aux œuvres de la loi sont sous la malédiction ; car il est écrit : Maudit est quiconque n'observe pas tout ce qui est écrit dans le livre de la loi, et ne le met pas en pratique » (Ga. 3 : 10).*

C'est par la loi que nous nous reconnaissons pécheurs et incapables de l'appliquer totalement dans nos vies. La loi doit être appliquée totalement, un seul manquement amène la malédiction. *« Car quiconque observe toute la loi, et pèche contre un commandement, devient coupable de tout » (Ja. 2 : 10)*. Par la loi, Dieu veut faire prendre conscience à l'homme, que par lui-même, il n'obtiendra jamais de réconciliation avec Dieu, ni le pardon de ses péchés. Il ne changera pas de nature. La Bible nous le dit dans Jérémie. 13: 23.

2.2.6 - Un léopard peut-il enlever les tâches de son pelage ?

Même si nous employons un fort détergent ou de l'eau de Javel, les tâches resteront.

Certains croient qu'il suffit d'accomplir des œuvres, par exemple se mortifier, se flageller ou être bon. D'autres disent : Dieu est bon il me pardonnera le dernier jour etc.

En fait, ils ne regardent seulement qu'aux fruits de leurs péchés. Ils sont aveugles quant à leur nature pécheresse ou l'ignorent. L'arbre qui produit les fruits du péché leur est caché. Dieu regarde à la source la nature qu'ont reçu Adam et Eve, après leur désobéissance et celle dans laquelle nous naissons.

Dans le naturel, si vous avez un pommier qui produit des pommes de mauvaise qualité, les enlever ne changera pas la nature du pommier. L'année suivante, il produira les mêmes mauvais fruits. Le problème ne se situe pas dans le fruit, c'est-à-dire dans les pommes, mais bien dans la mauvaise nature du pommier.

2.2.7 - Comment changer la mauvaise nature du pommier ?

Dans le naturel cette opération se nomme le sur-greffage. Il se pratique en coupant la tête du pommier juste au-dessous des premières branches, pour mettre à mort sa mauvaise nature.

Dans sa jeunesse, ce pommier porte le nom de sauvageon. Ensuite, il faut pratiquer une incision verticale dans le sommet du tronc pour introduire deux greffons, prélevés sur un pommier qui produit des bonnes pommes. Ensuite, nous cicatrisons l'ouverture avec du mastic à greffer.

A son tour, notre pommier, dans quelques années, produira de bonnes pommes, les mêmes que celles de son donneur. Si nous mettons en terre un pépin de ses pommes, il en sortira un autre sauvageon. Lui-même devra être greffé pour produire de bonnes pommes.

Cet exemple nous apprend que même si nous naissons dans une famille chrétienne, sans l'œuvre de la croix dans chacune de nos vies, nous nous retrouvons dans la même situation que ce sauvageon : étranger au royaume de Dieu. Cet exemple nous enseigne l'œuvre que Jésus a accompli sur la croix. Jésus nous le dit : *« Un bon arbre produit de bons fruits, il n'en produira pas des mauvais, ce n'est pas sa nature. L'inverse est également vrai. Cueille-t-on des raisins sur des épines ou des figues sur des chardons ? » (Mt. 7 : 16).*

Le pommier illustre l'état de notre cœur : *« Car c'est du dedans, c'est du cœur des hommes, que sortent les mauvaises pensées, les adultères, les débauches, les meurtres, les vols, les cupidités, les méchancetés, la fraude, le dérèglement, le regard envieux, la calomnie, l'orgueil, la folie » (Mc. 7 : 21).*

Ces versets nous révèlent que c'est bien la nature de notre cœur la cause de nos problèmes et c'est lui qui doit être changé. Seuls nous en sommes incapables. Comme le pommier ne peut lui-même changer sa nature, une intervention extérieure est nécessaire pour la changer : en lui coupant la tête et en introduisant les greffons d'une autre nature. Nous nous retrouvons dans la même situation que le pommier, c'est pourquoi nous avons besoin d'une intervention extérieure pour changer la nature de notre cœur. Aucun homme, si intelligent soit-il ne pourra nous aider à changer notre cœur pervers. *«Le cœur est tortueux par–dessus tout, et il est méchant : Qui peut le connaitre ? Moi, l'Eternel, j'éprouve le cœur, je sonde les reins, Pour rendre à chacun selon ses voies, Selon le fruit de ses œuvres » (Jé. 17 : 9 et 10).*C'est pourquoi Dieu dit : *« Je vous donnerai un cœur nouveau, et je mettrai en vous un esprit nouveau ; j'ôterai de votre corps le cœur de pierre, et je vous donnerai un cœur de chair. Je mettrai mon Esprit en vous, et je ferai en sorte que vous suiviez mes ordonnances, et que vous observiez et pratiquiez mes lois » (Ez. : 36 :26 et 27).*

2.2.8 - **Sans effusion de sang, il n'y a pas de pardon.**

Dieu qui agit toujours comme le meilleur des pédagogues, va d'abord demander à son peuple d'appliquer ce principe divin avec le sang des animaux en ayant foi dans ce que Dieu nous demande.

Pourquoi étudier les sacrifices demandés sous l'ancienne alliance alors que nous vivons sous la nouvelle alliance ?

Jésus n'est pas venu abolir la loi mais l'accomplir : *« Ne croyez pas que je sois venu pour abolir la loi ou les prophètes ; je suis venu non pour abolir, mais pour accomplir » (Mt. 5 :17).* La loi *tu ne tueras pas ou tu n'adoreras pas d'autres dieux* existe toujours.

Chaque aspect des sacrifices du Lévitique annonce ce que Jésus va accomplir d'où l'importance de l'étudier.

L'animal offert variait selon la situation du repentant : S'il s'agissait d'un sacrificateur, de toute l'assemblée, d'un chef, d'une personne du peuple ou de tout le peuple. Mais les principes concernant l'animal choisi pour être sacrifié étaient toujours les mêmes : Etre sans défaut, appartenir à l'Israélite repentant, être un animal pur, c'est-à-dire qui se mange. *« Si c'est quelqu'un du peuple qui a péché involontairement, en faisant contre l'un des commandements de l'Eternel des choses qui ne doivent point se faire et en se rendant ainsi coupable, et qu'il vienne à découvrir le péché qu'il a commis, il offrira en sacrifice une chèvre, une femelle sans défaut, pour le péché qu'il a commis. Il posera sa main sur la tête de la victime expiatoire, qu'il égorgera dans le lieu où l'on égorge les holocaustes. Le sacrificateur prendra avec son doigt du sang de la victime, il en mettra sur les cornes de l'autel des holocaustes, et il répandra tout le sang au pied de l'autel » (Lé. 4 : 27 à 30).* C'est ainsi que les Hébreux devaient verser le sang (dans lequel se trouve la vie) de l'animal. C'est pour cette raison qu'ils versaient le sang d'un animal chaque fois qu'ils commettaient un péché involontaire, pour leur rappeler ainsi que le péché cause la mort. L'animal mis à mort, meurt à la place de l'offrant repentant et le délivre de ses péchés, par le sang versé. En fait, le sang de l'animal couvrait seulement le péché, pour le cacher à Dieu mais il n'effaçait pas la culpabilité.

D'autre part, la loi, en demandant d'offrir un animal, apprenait aux Hébreux qu'ils devaient payer un certain prix pour obtenir l'expiation de leurs péchés. Le péché correspond à une infraction avec une peine à payer ou à expier.

Aucun animal impur ne devait être offert en sacrifice. De plus, c'était toujours un animal domestique que l'offrant avait élevé lui-même, entretenu, pris soin ; un animal auquel il était attaché.

Cela devait lui représenter une valeur financière et affective également pour que l'expiation soit réelle. Pour qu'il y ait un réel sacrifice de la part de l'Israélite, l'animal devait lui appartenir en propre. Ce qui n'aurait pas été le cas avec un animal rapporté de la chasse et dont l'offrande n'aurait rien couté ; d'autre part, il n'y aurait pas eu d'attachement.

L'offrant de l'animal lui imposait les mains pour lui transmettre ses propres péchés. Comprenons bien la signification de l'imposition des mains, elle est double :

- Transmission des péchés à l'animal.
- Identification du pécheur à l'animal qui allait mourir à sa place.

Il l'égorgeait lui-même devant la porte du tabernacle sous le regard du sacrificateur, le saignait, le dépouillait, le coupait en morceaux pour constater que l'intérieur n'avait pas de défaut. Le sacrificateur recueillait le sang afin de le répandre devant l'Eternel à l'intérieur du temple. C'est à dire qu'il devait toujours y avoir une parfaite identification entre l'animal et l'offrant en sachant que c'est lui qui aurait dû subir cette mort.

Le sang de l'animal coulait pour expier le péché. L'animal mourait comme un substitut innocent, sans en avoir conscience. Il mourait ignorant à la place du pécheur. Nous précisons que Dieu, en demandant au pécheur de choisir un animal lui appartenant, pour chaque péché, veut nous montrer que le péché conduit à la ruine, à la malédiction.

Ceci nous annonce tout ce que Jésus allait vivre comme victime expiatoire. Si nous nous identifions à l'offrant, cela nous démontre, en réalité, que Jésus a été fouetté, cloué sur la croix et mis à mort par chacun d'entre nous.

Cet animal devait représenter le futur et véritable sacrifice de Jésus, l'Agneau de Dieu. Il était accepté comme sacrifice pour le péché dans la mesure où il annonçait le futur et parfait sacrifice de Jésus à venir plus tard.

Remarque : Il est impossible qu'un animal puisse servir de substitut ou de représentant personnel pour la mort d'une personne. L'animal offert n'a aucune compréhension du bien et du mal ; il n'est pas vraiment représentatif du pécheur. D'autre part, la nature de son sang diffère de la nature du sang répandu par le péché. De ce fait, ce sang ne peut satisfaire la justice de Dieu. *« Il n'est pas possible que le sang des taureaux et des boucs puissent effacer les péchés » (Hé. 10-4).* De plus, la vie de l'animal lui était volée. Le don de son sang n'était pas volontaire. Il nous fallait un substitut volontaire, sans péché et décidé, qui choisisse de devenir péché à notre place, de la même nature que nous.

Alors si l'animal ne pouvait servir de substitut ou de représentant, pourquoi les Juifs offraient-ils un animal en sacrifice pour leurs péchés ?

2.2.9 - Paul résume la réponse à cette question

« Ainsi la loi a été comme un précepteur pour nous conduire à Christ, afin que nous soyons justifiés par la foi » (Ga 3- 24)

Par ces sacrifices successifs, Dieu préparait son peuple au grand sacrifice de Jésus sur la croix. Nous allons franchir une nouvelle étape avec le grand jour des expiations, ou Yom Kippour ; *« Aaron offrira son taureau expiatoire, et il fera l'expiation pour lui et pour sa maison. Il prendra les deux boucs, et il les placera devant l'Eternel, à l'entrée de la tente d'assignation. Aaron jettera le sort sur les deux boucs, un sort pour l'Eternel et un sort pour Azazel. Aaron fera approcher le bouc sur lequel est tombé le sort pour l'Eternel, et il l'offrira en sacrifice d'expiation. Et le bouc sur lequel est tombé le sort pour Azazel sera placé vivant devant l'Eternel, afin qu'il serve à faire l'expiation et qu'il soit lâché dans le désert pour Azazel. Aaron offrira son taureau expiatoire, et il fera l'expiation pour lui et pour sa maison. Il égorgera son taureau expiatoire » (Lé. 16 : 6 – 11).* Ces versets nous révèlent que le péché a des conséquences, non seulement sur la vie d'une personne, mais également sur la vie d'une famille et d'une nation.

Chaque année, tout le pays d'Israël consacrait une journée de jeûne pour le péché collectif de la nation. Ils offraient deux boucs en sacrifice tel que le demandait Dieu dans sa parole, pour obtenir l'expiation du péché de la nation.

Ces deux boucs symbolisent, chacun pour leur part, un aspect important de ce que Jésus allait accomplir par son œuvre sur la croix. Dieu parle tantôt d'une manière tantôt d'une autre. L'un de ces deux boucs sera sacrifié et l'autre envoyé dans le désert.

Dans la Bible, le bouc représente le péché à cause de son caractère, de son mauvais comportement et de son entêtement. Il sent mauvais, comme l'odeur nauséabonde du péché. *« Il (Jésus) séparera les uns d'avec les autres, comme le berger sépare les brebis d'avec les boucs ; et il mettra les brebis à sa droite, et les boucs à sa gauche. Alors le roi dira à ceux qui seront à sa droite : Venez, vous qui êtes bénis de mon Père ; prenez possession du royaume qui vous a été préparé dès la fondation du monde. Ensuite il dira à ceux qui seront à sa gauche : Retirez-vous de moi, maudits ; allez dans le feu éternel qui a été préparé pour le diable et pour ses anges » (Mt. 24 : 32b à 34 et 41).*

Dans ces différents versets, Jésus nous prévient de la séparation qu'il opèrera lorsqu'il reviendra avec ses anges, dans sa gloire et qu'il s'assiéra sur son trône.

Le premier bouc était offert en sacrifice, égorgé et son sang était porté au-delà du voile, là où se tenait la présence de Dieu, dans le lieu très saint, par le souverain sacrificateur. Lui-même se sanctifiait pour ses péchés et ceux de sa famille en sacrifiant un taureau, sinon, il risquait de mourir dans la présence de Dieu.

Le deuxième bouc était chassé dans le désert pour y mourir : *« Aaron posera ses deux mains sur la tête du bouc vivant, et il confessera sur lui toutes les iniquités des enfants d'Israël et toutes les transgressions par lesquelles ils ont péché ; il les mettra sur la tête du bouc, puis il le chassera dans le désert, à l'aide d'un homme qui aura cette charge. Le bouc emportera sur lui toutes leurs iniquités dans une terre désolée ; il sera chassé dans le désert » (Lé. 16 : 10 et 11).* Il représente Jésus qui va mourir sur la croix à cause de nos péchés hors de la ville de Jérusalem, loin du temple, c'est-à-dire emportant nos péchés loin de la présence de Dieu. *« Autant l'orient est éloigné de l'occident, Autant il éloigne de nous nos transgressions » (Ps 103 : 12).*

Ce bouc nous parle d'un autre aspect de la mort de Jésus.*« Et qu'il soit lâché dans le désert pour Azazel ». « Et le bouc sur lequel est tombé le sort pour*

Azazel sera placé vivant devant l'Eternel, afin qu'il serve à faire l'expiation et qu'il soit lâché dans le désert pour Azazel » (Lé. 16 : 10).

Azazel signifie émissaire ou bouc émissaire. C'est une expression que nous entendons ou employons quand nous parlons d'une personne sur qui retombe une accusation dont elle est totalement innocente. *« L'un d'eux, Caïphe, qui était souverain sacrificateur cette année-là, leur dit : Vous n'y comprenez rien ; vous ne réfléchissez pas qu'il est dans votre intérêt qu'un seul homme meure pour le peuple, et que la nation entière ne périsse pas » (Lé. 16 : 49 et 50).*

La réconciliation est un changement dans la relation entre Dieu et l'homme. Elle consiste à établir un pont entre deux parties en conflit, à retourner à une bonne relation, à passer d'un état d'inimitié et d'aliénation à un état de paix et de communion. La réconciliation est donc la restauration d'une relation brisée par le péché. Exprimée ainsi, elle semble une notion assez simple. Et pourtant, lorsqu'on considère les études qui lui ont été consacrées, on se rend compte que bien des nuances sont nécessaires.

Nous n'aborderons pas les questions touchant l'histoire de la doctrine. L'actualité a déjà ses problèmes. On sait comment la conception traditionnelle se heurte à la sensibilité moderne qui voudrait interpréter la réconciliation dans le cadre de la subjectivité dominante. Il y a donc une évacuation du sens classique, impossible à réduire à une question subjective. Le fait qu'il y ait une remise en question de la part des sciences humaines et qu'il y ait plusieurs théories à l'égard de la doctrine semble justifier une certaine prudence, voire une certaine indifférence. Wells résume ainsi les conceptions sur le sacrifice de la croix : *« Une rançon payée au diable (Origène) ; une récapitulation de la vie humaine (Irénée) ; un exemple de foi et d'obéissance (Pélage, Abelard, Socini) ; le paiement d'une dette (Anselme) ; une substitution pénale (Luther et Calvin) ; une démonstration de justice (Grotius) ; une influence mystique (Schleiermacher) ; une victoire sur le mal (G. Aulen) ; une démonstration de l'amour de Dieu (le libéralisme). La croix : un sacrifice ? »*[17].

Les sensibilités actuelles ne semblent pas à l'aise avec l'idée de réconciliation telle que nous allons l'évoquer. Il est peut-être utile de se rappeler qu'on doit choisir à ce point entre les sensibilités modernes et l'enseignement clair de Paul. Si on comprend la réconciliation dans son sens classique, la réflexion menée à son sujet se situe au cœur de la doctrine du salut. Par rapport aux autres perspectives concernant le salut comme rédemption (Ep. 1.7 ; Tt. 2.14) ; 1P 1.18-19), justification (Ro. 3.24 ; Ga 3.13 ; Ep. 1.7 ; 1P 2.24), propitiation (Ro. 3.25 ; Hé. 2.17 ; 1Jn. 2.2, 4.10), sacrifice (Mt. 26.28 ; 1Co 5.7 ; Ep. 5.2 ; 1P. 5.18-19 ; Hé. 9.14), etc. ; *« la réconciliation est peut-être le terme le meilleur et le plus expressif »*. En tant que restauration d'une relation brisée, d'un ordre rétabli, elle répond au besoin de salut de l'homme et elle évoque l'efficacité de la croix de Christ sur le plan de la relation personnelle.

Même si toutes les perspectives évoquées font partie de la doctrine du salut et doivent ainsi être gardées ensemble, la réconciliation est liée, en particulier, au grand thème de la justification. On pourrait dire qu'elle est sa conséquence directe. Romains 5 :9-10 suggère un parallélisme entre la justification « par le sang de Christ » et la réconciliation avec Dieu par « la mort de son Fils». D'après Romains 5 :10, il y a un lien très étroit entre la réconciliation et la mort de Christ. « Etre justifiés » est mis en parallèle avec « être réconciliés ». La justification qui opère « par son sang » est associée à la réconciliation « par la mort de son Fils ». La justification concerne la nouvelle position que le pécheur a devant le Juge ; alors que la justification évoque la relation objective dont le pécheur jouit auprès du Père, la réconciliation est comme son aspect intérieur et personnel. On pourrait dire qu'elle participe à la sphère de l'interpersonnel.

Si, d'un côté, le thème de réconciliation peut être lié au centre de la doctrine du salut, de l'autre il en montre les conséquences dans une perspective la plus élargie possible. Si la réconciliation touche la justification, elle en développe aussi les conséquences au niveau de la vie chrétienne. Le fait qu'elle atteint quelque chose de personnel rend ce thème très actuel. La recherche de relations authentiques qui caractérise notre temps contribue à rendre cette doctrine particulièrement séduisante. La nécessité de la réconciliation (dans le domaine familial, conjugal, amical, éducatif, social, politique, ethnique, international) occupe une place remarquable à tous les niveaux de l'agenda moderne.

Il faudrait, cependant, non pas s'enfermer dans une perspective « moderne », mais situer notre sujet dans l'histoire de la rédemption. Paul Wells suggère que : *« La révélation biblique est l'histoire de deux villes : Athènes et Jérusalem. L'une est celle de l'inimitié avec Dieu et l'autre celle de la réconciliation avec lui. La paix avec Dieu est une réalité grâce à la propitiation et à l'expiation du péché. La réconciliation apparait donc comme étant l'état qui résulte de l'œuvre complète de Christ »*[18].

---

17 et 18. P. Wells, Cross Words, (Fearn, Christian Focus Publ. 2006), P.212.

2.2.10 Dieu et les hommes réconciliés par Jésus Christ

a. L'initiative du Dieu réconciliateur

Le thème de réconciliation implique qu'on considérer quatre passages. Ils utilisent directement le terme *''katallagè''* : (Ro. 5.11 ; 11.15 ; 2 Co. 5.18 ; 5.19). On trouve aussi le verbe *''katallassein''* : (Ro. 5.10) (deux fois); (1 Co. 7.11) ; (2 Co. 5.18-20). En 1Corinthiens 7.11, on trouve *''katallaghèto''* avec référence au mariage. Marshall illustre que « *Le fait que seul Paul en parle signifie simplement que cet aspect était suffisamment évident comme conséquence de l'œuvre de Christ. On pourrait le voir comme une conséquence de la réflexion paulinienne sur le sens d'être en Christ* »[19]. Spicq estime : « *Qu'il y a là une transformation des relations entre Dieu et les hommes conforme au schéma des réconciliations mentionnées dans les textes païens* »[20].

La réconciliation est l'action par laquelle Dieu élimine les raisons de son aliénation du pécheur. Par sa nature, elle suppose l'initiative de Dieu face au péché des hommes. Morris dira : « *En affirmant cela, on souligne le fait que la réconciliation vient de Dieu et qu'elle est appliquée aux circonstances de l'homme lorsqu'il est sauvé par grâce* »[21]. Il est absolument nécessaire que Dieu prenne l'initiative de mettre fin au conflit. Irénée le renchérira : « *Le présupposé est que Dieu est en colère, car il y a une hostilité envers lui*»[22]. Dieu est justement en colère à cause des « fautes » des hommes (2Co. 5.19), de leurs « œuvres mauvaises » (Col. 1.21) et de leur opposition aux exigences de la loi (Ex 34.6-7). Grâce au sacrifice de Jésus qui s'est livré à la colère de Dieu, l'homme peut être réconcilié.

En dehors de l'alliance, l'homme est, en effet, opposé à Dieu et à tout ce qu'il fait (Ro 8.7). Dès sa naissance, il est ennemi de Dieu. Mais, à un certain moment, Dieu cesse de tenir compte des fautes et il choisit de restaurer la relation brisée par le péché grâce à l'œuvre de Christ.

Irénée nous dit même que, pour nous il réconcilia son Père, contre lequel nous avions péché et par son obéissance il a guéri notre désobéissance. L'obéissance du deuxième Adam réconcilie Dieu offensé par le premier Adam. Augustin souligna que les hommes avaient besoin d'un Réconciliateur pour apaiser la haine de Dieu en offrant un sacrifice. Cette inimitié

---

19. I.H. Marshall, « The meaning of... », P.127-8.
20. C. Spicq, Notes de lexicographie néo-testamentaire, *(Göttingen, Vandenoeck&Ruprecht 1978, t. I), P.407*
21. **L. Morris, *The Apostolic Preaching of the Cross* and *The Cross of Jesus*, (S.d), P.6-7.**
22. *Irénée, Enchiridion ad Laur,* (X.33), *PP.46, 68.*

concerne l'homme et Dieu en même temps. Dieu est en colère légitimement. Nicole pense alors que : « *La colère de Dieu est un thème persistant dans la Révélation* »[23]. C'est l'expression de sa sainteté. Si, à cause de son péché, l'homme est opposé à Dieu ; à cause de sa sainteté, Dieu est opposé au pécheur. Etre sous l'emprise du péché signifie donc aussi être sous l'emprise de la colère divine. Celui qui a été offensé doit donc être réconcilié (Mt. 5.23-24 ; Ro. 11.15 ; 1Co. 7.11). Comme les hommes sont ennemis de Dieu, ils doivent être réconciliés. La question à laquelle la réconciliation doit faire face est celle du péché. Romains 5 rapproche « sauvés par lui de la colère » (v. 9) avec « nous étions ennemis » (v. 10). Si la situation de l'homme pécheur devant Dieu est celle qui résulte de la juste colère du Créateur, le salut implique la nécessité d'être sauvés de la colère de Dieu. Dieu met fin à l'état existant d'hostilité et à sa juste colère. Dieu est hostile au péché. L. Morris affirme alors que : « *On peut affirmer que la Bible présente d'une manière nette et constante un Dieu qui agit d'une manière incessante contre toute forme de mal* ». [24]

Le péché est évidemment beaucoup plus sérieux du côté de Dieu que du côté de l'homme. François Turrettini souligne que l'aliénation existe du côté de Dieu comme du côté de l'homme, c'est pourquoi « *Il fallait une réconciliation des deux côtés : de la part de Dieu, en éloignant sa colère ; de la part de l'homme, au travers d'une conversion* ».[25]

Et il poursuit, La réconciliation est effectuée en faisant la paix par le sang de sa croix (Col. 1.20) et par un sacrifice expiatoire (1Jn. 2.2). Mais cela n'implique pas seulement la conversion, mais avant tout l'apaisement de la colère de Dieu (qui est obtenue par la mort d'une victime). « *Reconciliatio fit per pacificationem in sanguine (Col. 1.20) et hilasmon (1 Joh. 2.2). At hoc conversionem non innuit, sedprimario irae Dei placationem, quae morte victimae procuratur* ». [26]

Le péché ne suscite pas seulement l'hostilité de l'homme, mais aussi celle de Dieu. A cause du péché, les hommes sont aliénés de Dieu et objets de sa juste malédiction. Le véritable problème est justement le péché. La vérité est que l'homme n'est jamais dans une position de neutralité.

---

23. *R. Nicole, Our Sovereign Saviour*, Fearn, *(Christian Focus, 2002), P.96.*
24. *L. Morris, The Apostolic Preaching of the Cross, (S.éd.) P.196.*
25. *Turettini, Contreversia esperpis cue exponitur, (Genevia 1979), p.86*

26. *P.G. Ryken, The message of salvation, (Leicester, IVP,2001),P.120.*

Ou il essaie d'attenter à la souveraineté de Dieu, ou il lui est soumis. A cause de cela, l'homme a un grand problème. « *Le problème de l'humanité n'est pas qu'elle a quelque chose contre Dieu, mais que lui a quelque chose contre nous.* » [27]

D'un point de vue linguistique, les mots « ennemi », « inimitié », « hostilité » impliquent une réciprocité. Il serait donc injuste de penser que l'inimitié concerne seulement l'homme. Tout en étant un fait réciproque, la réconciliation n'est pas la rencontre de deux volontés, elle est « surtout une initiative de Dieu». « De Dieu » ''ekTheou'' signifie que « Dieu est le réconciliateur. L'homme n'est jamais l'auteur de la réconciliation». Il s'agit de l'action décisive de Dieu par laquelle il cesse de tenir compte des fautes grâce au sacrifice de son Fils.

L'homme a besoin d'être réconcilié, car il a été créé pour être en communion avec Dieu. Sans une telle relation, l'homme n'est pas humain. Il a besoin de cette relation, car le péché l'a aliéné de Dieu et l'a rendu incapable d'être en communion avec son Créateur. Il parait évident que, dans une telle situation, l'homme ne peut pas se réconcilier lui-même. Il n'en sent même pas le besoin. D'ailleurs, il serait incapable de mettre fin à une inimitié aussi profonde. Il a donc besoin d'une intervention surnaturelle. Dieu est toujours celui qui réconcilie. Il est le sujet par excellence de la réconciliation. C'est ainsi qu'on peut comprendre l'exhortation « Soyez réconciliés (...) » (2Co 5.20). Le verbe est au temps actif lorsque Dieu est le sujet et au passif lorsque c'est l'homme qui doit être réconcilié.

Avec la philologie, on ne bâtit pas la théologie, mais elle est un élément à prendre en compte. La réconciliation est tout entière œuvre de Dieu. C'est ainsi que l'on souligne son initiative miséricordieuse. Il n'y a pas de réciprocité, comme si les deux partenaires étaient mis sur le même plan. Avant que l'homme en sente le besoin, avant qu'il puisse se rendre compte du drame de son existence, Dieu a pris l'initiative. En venant sur terre pour expier les fautes des pécheurs, Jésus-Christ a accompli

27. J. Stott, La croix de Jésus-Christ, (Orig. The cross of Christ, Leicester, IVP,1987), P191.

la volonté de Dieu. La réconciliation va donc être comprise comme une décision de la part de Dieu. « Tout cela vient de Dieu » (*ekTheou* : 2Co 5.18).

La réconciliation apparaît donc comme l'harmonie retrouvée, comme un acte paternel de la part du Père. Un acte qui implique une pleine restauration dans la relation. A la colère de Dieu suscitée par l'offense faite contre lui et sa loi, suit le salut de l'*orgè* vengeresse avec le rétablissement de la paix. Dieu renonce à sa juste colère et redevient bienveillant. *« C'est comme si un couple marié en arrivait jusqu'au divorce avant de se réconcilier »* [28]. L'état de paix est un élément propre à développer une atmosphère de confiance et de liberté avec Dieu. La paix de la réconciliation n'est pas seulement une affaire privée et individuelle entre Dieu et l'homme. Elle est aussi l'état de *shalom*, chanté par les psalmistes.

b. Jésus-Christ est le moyen de la réconciliation

Après avoir considéré la nature de la réconciliation, il nous faut en considérer le moyen. La réconciliation ne peut pas se produire sur un simple décret de Dieu, qui ne peut pas abaisser ses exigences. Dieu ne s'est pas adapté à la situation. L'Ecriture affirme que *« Dieu nous a réconciliés avec lui par Christ »* (2Co 5.18 ; aussi Col 1.22). Grâce à la mort de Christ, Dieu met un terme à sa juste hostilité vis-à-vis de nous. Il nous a donc réconciliés avec lui à la croix. La réconciliation est en Christ. Raison pour laquelle Ridderbos affirme : *« C'est dans sa mort que se trouve le fondement de la réconciliation»*[29]. ''Si le péché a bouleversé, la grâce a restauré''.

Comme cela a déjà été souligné, l'homme est passif dans la réconciliation. C'est Christ qui le sauve de la colère de Dieu. Ce ne sont pas les pécheurs qui sollicitent la grâce ou qui peuvent demander à être réconciliés avec Dieu. C'est Dieu qui prend l'initiative. Il la prend, car il est un Dieu de grâce et de miséricorde. Dieu était en Christ réconciliant le monde (2Co. 5.18-19) est au passé et évoque l'œuvre complète de Christ non pas tant par l'incarnation que

---

28. R. Nicole, <u>Our sereign saviour</u>, (fearn, Christian focus, 2001) P.96

29. H. Ridderbos, <u>Paul. An Outline of His Theology</u>, (Downers Grove, IVP, 2001), PP.222-223

par son expiation à la croix. Christ est notre représentant dans l'alliance avec Dieu et, à cause de notre union avec lui, nous devenons « justice de Dieu » (2Co. 5 :21). Wells dira alors : « *La croix de Christ n'est pas seulement un acte pénal, mais aussi* fédératif, *car Christ y a accepté son office de médiateur et s'est identifié à notre condamnation. La mort de Christ a le caractère juridique de la représentativité* »[30].

Par le sacrifice du Fils, Dieu révèle la profondeur de son amour. Et, du même coup, il définit quelle était la condition antérieure du pécheur sous la colère de Dieu (Ro. 1). Le sacrifice de la croix est donc essentiel pour le salut du pécheur. Le péché du pécheur est transféré à Christ et la justice de Christ est transférée au pécheur. Les pécheurs échangent leur péché avec la justice du Christ. En Christ, Dieu ne tient pas « compte de leurs fautes » (2Co 5 :19) et il condamne « l'innocent… à notre place » (2Co 5 :21). C'est que Dieu s'est effectivement, et non pas fictivement, montré solidaire du pécheur en prenant sa place, en portant et ôtant le péché. L'œuvre est donc achevée en Christ. Elle s'appuie sur son sacrifice une fois pour toute. D'où Stott lorsqu'il dit : « *Le Dieu qui a refusé de tenir compte de nos péchés en a tenu compte en Christ* ».[31] Paul le renchérit également en affirmant : « *Il a été fait péché pour nous afin que nous devenions justice de Dieu en lui* » (2Co. 5 :21).

Ainsi, grâce à la mort de son Fils, l'hostilité de Dieu est passée sur Jésus-Christ et elle a pris fin pour ceux auxquels Christ s'est substitué. Par ce sacrifice, Dieu rétablit une confiance obscurcie et détruite. Il se réconcilie avec le pécheur. La nouvelle création de Dieu n'est pas observable par tous, mais elle est là, efficace et pleine d'espérance.

Il s'agit, comme après les sacrifices de l'ancienne alliance, de retrouver la joie de la communion. De la détresse on passe à l'allégresse, de la perdition au salut. En présence de l'Eternel, il y a place pour une relation restaurée (Lev. 7 :15-18 ; Ps. 51 :12-19, 16 :7-9, 19 :12-15). Mais cela demande un sacrifice. Entre l'adorateur et l'offrande, il y a un échange. Il ne s'agit nullement d'un échange impersonnel, mais plutôt d'un rapport impliquant la foi.

Entre le sacrifice de Jésus et les exigences de Dieu, il n'y a pas opposition, mais une totale harmonie. L'extraordinaire de l'Evangile est dans le fait que Dieu lui-même a porté le poids de notre péché et en a payé le prix. Et tout cela afin que des pécheurs puissent bénéficier de la plénitude de la grâce.

---

30. ***P. Wells*, La croix : un sacrifice ?, *(op. cit.), P.82.***

31. J. Stott, La croix de Jésus Christ, (OP. Cit.), P.193

On comprend ainsi que, avec ce thème, on touche au cœur la doctrine du salut *''sōtēria''*. C'est un sujet qui plonge au cœur du merveilleux « échange » qui a eu lieu à la croix. Ferguson dira alors : *« Le prix de notre réconciliation a été l'aliénation de Christ. »* [32]

Par rapport aux autres *loci* de la doctrine du salut, le *locus* de la réconciliation donne à la dimension personnelle sa véritable qualité. Comme la rupture de l'alliance a été non seulement une fracture juridique, mais aussi relationnelle, la réconciliation présente les mêmes caractéristiques. Elle apparait donc comme son aspect intérieur et personnel. Ce que la justification a annoncé prend vie. La réconciliation est, à la foi, objective et subjective, accomplie et appliquée, un acte de Dieu et un état de l'homme, *Extra nos* et *In/pro nobis*, abstraite et concrète, indicative et impérative, kérygmatique et parénétique, verticale et horizontale, déjà présente et pas encore, personnelle et cosmique. Colossiens 1 :19-22 va dans le même sens lorsque il évoque la perspective universelle de la réconciliation. J. Murray pense alors que : *« La réconciliation a une connotation juridique »* [33]. Wells le rassure même en disant : « *Tout sacrifice présuppose une certaine notion de la Loi... toute peine sacrificielle n'existe qu'en conséquence d'un principe antérieur de légalité qui a été bafoué, qui la structure matériellement... Tout langage sacrificiel est juridique par nature. Dans l'Ecriture, les langages légal, juridique et sacrificiel sont tellement fréquents, à propos de la mort de Christ, qu'il est difficile de ne pas conclure que certains mots, lorsqu'ils sont utilisés, sont chargés de signification* » .[34]

A la croix, le Fils s'est livré pour le pécheur en rétablissant une relation personnelle et formelle. Il s'agit d'un acte par lequel l'acte accusateur a été cloué (Col 2 :14).

33. J. Murray, <u>Redemption Accomplished</u>..., P.39.
34. P. Wells, <u>La croix : un sacrifice ?</u> , (op. cit.), PP77, 79.
32. S.B. Ferguson, <u>Perching the atonement</u>, (C.E Hill and F.A James éd op)

c. L'annonce de la réconciliation par les ambassadeurs

Après avoir vu l'initiative de Dieu en tant que réconciliateur, perçu la nature de la réconciliation et réfléchi au moyen donné par Dieu, Jésus-Christ, il nous faut réfléchir à ses effets.

La réconciliation doit être reçue. Elle engage toute personne qui désire que ''l'Offensé'' abandonne sa juste inimitié. Il s'agit non pas seulement de comprendre sa nature et comment l'envisager, mais d'en saisir les effets. Pour être effective, la réconciliation doit donner lieu à une sorte d'acceptation de la part de l'homme : « *Soyez réconciliés (...) !* » (2Co. 5 :20). La réconciliation comporte donc une responsabilité vis-à-vis de toutes relations. On pourrait parler d'une dimension ethnique, personnelle et cosmique.

Ethniquement, La réconciliation a pour effet d'abattre le mur spirituel qui séparait les Juifs des païens (Ep. 2 :14). Grâce au sacrifice de Christ, les païens qui étaient « étrangers aux alliances conclues par Dieu pour garantir sa promesse » sont entrés et font partie d'un nouveau peuple, d'une nouvelle humanité formée de Juifs et non-Juifs (Ep. 2 :15). Eux qui étaient à la fois « loin de Dieu et loin d'Israël » sont « devenus proches par le sang de Christ ». Christ qui est notre paix a rendu possible la paix (Ep. 2 :15) en détruisant le mur de séparation, car *il a fait de deux « un seul* » (Ep. 2).

Si on pense au mépris et à la haine réciproque des Juifs et des païens, on peut saisir quelque chose de miraculeux dans la réconciliation. L'hostilité a été effacée. La séparation a été dépassée. Les deux ethnies participent au royaume de Dieu, à la même famille (Ep. 2 :19), à la même promesse messianique (Ep. 3 :6). Ceux qui étaient exclus sont devenus « concitoyens » et « membres de la famille de Dieu » (Ep. 5 :19). Toute supériorité est effacée.

Cela doit se manifester aussi à l'intérieur de la communauté chrétienne. Les Eglises doivent devenir des microcosmes de la communauté finale réunie, sans plus aucune séparation, aux pieds de l'Agneau. C'est peut-être à cause des divisions existant parmi les chrétiens de Corinthe que Paul les implore : *« Soyez réconciliés (...) !* » (2 Co. 5 :20). Il ne s'agit pas de trouver un compromis entre chrétiens, ni de faire assaut de charité chrétienne, mais d'être réconciliés avec Dieu par Christ. A l'horizon de la promesse faite à Abraham, toutes les familles de la terre sont bénies par le peuple de Dieu réconcilié avec lui.

A partir de là, l'Eglise peut être un véritable modèle de relations. Elle ne prêche pas seulement la réconciliation, mais elle est elle-même un modèle de réconciliation. La réconciliation avec Dieu et la réconciliation avec ses fils sont inséparables au point que toute scission ou discorde lacère ou déchire la personne du Christ lui-même (1Co. 1.13).

Dans un point de vue apologétique, la vision d'une réconciliation entre des gens divers est l'un des messages les plus frappants qu'on puisse communiquer. Les conflits sont partout présents et le peuple de Dieu a la possibilité d'incarner une nouvelle société libérée des conflits traditionnels. Apaisées avec Dieu, les personnes peuvent vivre une véritable communauté.

En ce qui concerne l'individuel, dans la réconciliation, il y a aussi un élément très personnel. Le pécheur est en paix avec Dieu. Ses conflits sont apaisés. Il a la liberté de s'approcher de Dieu dans une prière confiante. Il s'agit de « l'accès *''prosagôgè''* à Dieu » (Ro. 5 :2). « Accès à Dieu » implique aussi retrouver sa propre place dans la création et le sens de sa vocation dans son dessein. Par l'alliance, Dieu restaure l'unité de la personne. Il est inimaginable d'être réconcilié avec Dieu et de ne pas partager une telle délivrance avec soi-même.

S'il est vrai que « celui qui est en Christ est une nouvelle créature » (2Co. 5 :17), on pourrait évoquer la guérison personnelle dans un sens strict. En réconciliant le pécheur avec lui, Dieu lui montre comment dépasser la compartimentation de sa vie. L'acceptation de la part de Dieu est un puissant moteur pour être réconcilié avec son propre passé. L'homme se sent aussi poussé à renouveler toutes ses relations dans le présent et à anticiper le renouvellement de la création.

Le renouvellement dégage une nouvelle énergie. Le rétablissement de la relation du fils prodigue avec le père semble solliciter l'autre frère d'adopter une nouvelle position. Tout se passe comme si l'énergie libérée par la réconciliation met en marche de nouveaux questionnements là où la conviction d'un droit avait étouffé une véritable relation.

La réconciliation transforme les hommes en ambassadeurs de la réconciliation. Si les évangélistes peuvent annoncer la paix (Ep. 2 :17), c'est parce que Dieu a accompli la réconciliation. L'œuvre de la réconciliation accomplie en Christ n'est pas une décision impersonnelle. Elle vise des pécheurs qui ont à se repentir et à croire. Ceux-ci doivent être exhortés à être réconciliés avec Dieu. Il faut donc qu'une annonce soit faite.

La figure de l'ambassadeur comporte en général autorité et dignité. L'ambassadeur parle avec une parole forte qui n'a pas besoin de recommandations. A l'arrière-plan, il y a l'autorité de la personne qui l'a envoyé. Il jouit donc d'une bonne réputation. Bash dira : *« Cependant, la figure de l'ambassadeur est plutôt liée ici à une invitation »* [35]. *« C'est au nom du Christ que nous vous supplions. »* (2Co. 5 :20). Les ambassadeurs bibliques sont marqués par une sorte de faiblesse, qui se nourrit constamment de la grâce de Dieu. Malgré leurs limitations, Dieu se sert d'eux, « comme si Dieu exhortait par nous » (2Co. 5 :20) !

Il y a dans l'œuvre de Dieu une formidable énergie. C'est pourquoi *« l'amour de Christ nous oblige »* (2Co. 5.14). Foerster affirme même que : *« Paul se sentait poussé par l'amour de Christ. C'était une force irrésistible. Se savoir en paix avec Dieu l'incitait à aller vers les pécheurs encore hostiles à Dieu. L'idée de paix est d'une extraordinaire richesse »* [36]. Elle n'est pas seulement absence d'hostilité, mais pleine harmonie. Elle n'est pas seulement loin de ce qui est faux, mais proche de ce qui est juste. C'est le terrain sur lequel il est possible de grandir et de viser la plénitude. Tous les bienfaits sont désormais accordés.

Les réconciliés deviennent à leur tour des messagers et des ambassadeurs. Ils éprouvent peut-être une certaine faiblesse, mais ils savent aussi qu'ils n'annoncent pas un message ayant leur propre autorité. Ce qu'ils annoncent ce n'est pas leur expérience, ni leur réflexion, mais ce dont ils ont été chargés. La force de leur message vient de la réconciliation accomplie par Dieu au moyen du sacrifice de Jésus-Christ. Tel est leur message. A cause de la merveilleuse œuvre accomplie par le Fils, les chrétiens sont en ambassade.

L'œuvre de la réconciliation n'a pas seulement une signification ethnique et personnelle, elle a aussi un effet cosmique. Pour Paul, le Christ est le « cosmocrator » aux pieds de qui le Père a placé toutes choses (Ep. 1 :22). Hughes pense que : *« Par une telle vision, on est comme éblouis »*.[37] Pour Paul, la mort et la résurrection de Jésus-Christ ont un effet universel et cosmique.

---

35. A. Bash, Ambassadors for Christ, (An Examination of Ambassadorial Language in the New 1997).

36. W. Foerster, Eirênē, (tr. it. GLNT III, col. 191), P.398.

37. P.E Hughes, Paul's second epistle to the Corinthians, (Eerdmans1962), P.209

D'après Colossiens 1 :20, la primauté de Christ indique que le Père a réconcilié toutes choses (« tant ce qui est sur la terre que ce qui est dans les cieux »). Sa seigneurie concerne l'œuvre de la création comme celle de la rédemption ; l'univers et aussi l'Eglise. A cause de son sacrifice, Christ est entré dans son règne (Ep. 1 :21-23) et il a instauré l'ordre nouveau au sein de la création. Dès ce moment-là, il y a comme une réconciliation progressive qui touche tous ceux qu'il sauve. Par ses ambassadeurs, il réconcilie à soi-même. « Il réconciliait le monde avec lui-même » (2Co. 5 :19: forme imparfaite « *ènkatallassōn* »).

Paul semble utiliser un néologisme *''apokatallasō''* pour souligner avec encore plus de force ce qu'il veut dire. Pour certains, ce que Paul veut souligner n'est pas tout à fait clair. Brien soutient que : « *Il y a surement un accent sur la souveraineté de Christ sur les hérétiques de Colosses, qui semblaient enseigner l'existence d'intermédiaires angéliques entre le Créateur et la réalité matérielle. Il y aussi le bouleversement intervenu au niveau cosmique* » [38].

Paul avait déjà parlé de façon générale d'une création qui aurait dû être « libérée de la servitude de la corruption » (Ro. 8 :21). Cet évènement se situerait dans le futur. Une sotériologie individualiste ne semble pas adéquate dans la perspective biblique. Murray dira que : « *Les puissances doivent être soumises et mises dans l'impossibilité de nuire, étant placées sous ses pieds* » [39].

Il y a vraiment un grand contraste avec leur activité actuelle (Ep 6 :12). Elles plieront les genoux dans une soumission obligée (Ph. 2 :9-11). Bruce déclare de ce fait que : « *Il s'agirait donc d'une « pacification... force à une puissance irrésistible* »[40]

Dieu a, en effet, tout mis sous les pieds de Jésus-Christ (Ep. 1 :10, 22). Comme une nouvelle création (*ktisis,* 2Co. 5 :19), une résurrection (Ro. 11 :15), il y a place pour une assurance confiante, fière, joyeuse (*kauchèma*: 2Co. 5 :11). Il s'agit d'un sens cosmique général. Parce que Paul a parlé de nouvelle création en Christ comme quelque chose qui dépasse la vieille création ruinée par le péché d'Adam (2Co. 5 :17), il est difficile de limiter la pensée de Paul seulement aux êtres humains. Il n'est pas non plus vraisemblable qu'il pense seulement à tous les croyants ou les païens opposés à Israël (comme en Ro. 11 :15). Il semble envisager l'univers dans son ensemble. « Toutes choses » sont en train d'être réconciliées au travers de la croix de Christ.

---

38. P.T. O'Brien, Colossians, Philemon, Waco, Word 1982, **53.**

39. *J. Murray,* The Reconciliation, (WTJ *XXIX 1966 vol. 4), P.99.*

40. *F.F. Bruce, The Epistles to the Colossians, to Philemon and to the Ephesians, (Eerdmans 1984), P210.*

Les effets de l'obéissance du deuxième Adam ne peuvent être moindres que les effets de la désobéissance du premier Adam. Comme la désobéissance d'Adam a eu des répercussions sur la création entière, l'obéissance de Christ portera l'harmonie dans l'univers entier. Le cosmos sera, enfin, en paix avec Dieu grâce à l'œuvre rédemptrice de Christ (*cf.* Ro. 8 :18-21; Ep. 1 :10 ; Col. 1 :20). Il ne s'agit pas d'un universalisme sotériologique. Ce qui est visé, ce sont les hommes. *« Et vous qui étiez autrefois étrangers et ennemis par vos pensées et par vos mauvaises œuvres, il vous a maintenant réconciliés par sa mort dans le corps de sa chair. »* (Col. 1 :21) Si on veut comprendre quelque chose de la glorieuse amplitude de l'œuvre de la rédemption de Christ, il faut aussi penser à sa dimension cosmique. Tous les ennemis seront soumis.

Paul semble illustrer la nature de la réconciliation à l'aide d'un motif militaire (2Co. 2 :14, 10 :3-5 ; Col. 1:13, 2 :15). C'est comme si la guerre décisive avait déjà eu lieu et il est seulement question de temps avant que les armes soient déposées. Dans sa sagesse, le ministère de la réconciliation est déjà en train d'encourager les ennemis à déposer les armes. La contemplation de la glorieuse vérité du programme de Dieu de réconcilier le monde au travers de l'Evangile de Christ pousse Paul à une exhortation pleine de force : « Soyez réconciliés avec Dieu ! ».

Dans ses multiples résonances, la réconciliation nourrit une énorme dynamique théologique. Elle est une de ces vérités qui touchent l'homme au plus près. Comme elle enseigne que Dieu est désormais apaisé, elle le pousse en avant. Comme à cause de l'Evangile, toute hostilité a pris fin, on peut jouir de la paix qui a commencé à la croix et être, à tous les niveaux, un ambassadeur pour la seule gloire de Dieu.

d. Que dit la Bible au sujet de la réconciliation ?

<u>Ésaïe 59 :2</u>

Mais ce sont vos crimes qui mettent une séparation Entre vous et votre Dieu; ce sont vos péchés qui vous cachent sa face et l'empêchent de vous écouter.

Genèse 3 :23-24

Et l'Éternel Dieu le chassa du jardin d'Éden, pour qu'il cultivât la terre, d'où il avait été pris. C'est ainsi qu'il chassa Adam; et il mit à l'orient du jardin d'Éden les chérubins qui agitent une épée flamboyante, pour garder le chemin de l'arbre de vie.

Genèse 4 :13-14

Caïn dit à l'Éternel: Mon châtiment est trop grand pour être supporté. Voici, tu me chasses aujourd'hui de cette terre; je serai caché loin de ta face, je serai errant et vagabond sur la terre, et quiconque me trouvera me tuera.

Ésaïe 48 :22

Il n'y a point de paix pour les méchants, dit l'Éternel.

Ésaïe 64 :7

Il n'y a personne qui invoque ton nom, Qui se réveille pour s'attacher à toi: Aussi nous as-tu caché ta face, Et nous laisses-tu périr par l'effet de nos crimes.

Jérémie 33 :5

Quand on s'avancera pour combattre les Chaldéens, Et qu'elles seront remplies des cadavres des hommes Que je frapperai dans ma colère et dans ma fureur, Et à cause de la méchanceté desquels je cacherai ma face à cette ville.

Luc 18 :13

Le publicain, se tenant à distance, n'osait même pas lever les yeux au ciel; mais il se frappait la poitrine, en disant: O Dieu, sois apaisé envers moi, qui suis un pécheur.

Romains 5 :10

Car si, lorsque nous étions ennemis, nous avons été réconciliés avec Dieu par la mort de son Fils, à plus forte raison, étant réconciliés, serons-nous sauvés par sa vie.

Romains 8 :7

Car l'affection de la chair est inimitié contre Dieu, parce qu'elle ne se soumet pas à la loi de Dieu, et qu'elle ne le peut même pas.

Éphésiens 2 :1-3

Vous étiez morts par vos offenses et par vos péchés, dans lesquels vous marchiez autrefois, selon le train de ce monde, selon le prince de la puissance de l'air, de l'esprit qui agit maintenant dans les fils de la rébellion. Nous tous aussi, nous étions de leur nombre, et nous vivions autrefois selon les convoitises de notre chair, accomplissant les volontés de la chair et de nos pensées, et nous étions par nature des enfants de colère, comme les autres.

Éphésiens 4 :18

Ils ont l'intelligence obscurcie, ils sont étrangers à la vie de Dieu, à cause de l'ignorance qui est en eux, à cause de l'endurcissement de leur cœur.

Colossiens 1 :21-22

Et vous, qui étiez autrefois étrangers et ennemis par vos pensées et par vos mauvaises œuvres, il vous a maintenant réconciliés par sa mort dans le corps de sa chair, pour vous faire paraître devant lui saints, irrépréhensibles et sans reproche,

Jacques 4 :4

Adultères que vous êtes! Ne savez-vous pas que l'amour du monde est inimitié contre Dieu? Celui donc qui veut être ami du monde se rend ennemi de Dieu.

2 Corinthiens 5 :18-20

Et tout cela vient de Dieu, qui nous a réconciliés avec lui par Christ, et qui nous a donné le ministère de la réconciliation. Car Dieu était en Christ, réconciliant le monde avec lui-même, en n'imputant point aux hommes leurs offenses, et il a mis en nous la parole de la réconciliation. Nous faisons donc les fonctions d'ambassadeurs pour Christ, comme si Dieu exhortait par nous; nous vous en supplions au nom de Christ: Soyez réconciliés avec Dieu!

<u>Romains 5 :6</u>

Car, lorsque nous étions encore sans force, Christ, au temps marqué, est mort pour des impies.

<u>Romains 5 :6-8</u>

A peine mourrait-on pour un juste; quelqu'un peut-être mourrait-il pour un homme de bien. Mais Dieu prouve son amour envers nous, en ce que, lorsque nous étions encore des pécheurs, Christ est mort pour nous

<u>Galates 4 :4-6</u>

Mais, lorsque les temps ont été accomplis, Dieu a envoyé son Fils, né d'une femme, né sous la loi, afin qu'il rachetât ceux qui étaient sous la loi, afin que nous reçussions l'adoption. Et parce que vous êtes fils, Dieu a envoyé dans nos cœurs l'Esprit de son Fils, lequel crie: Abba! Père!

<u>Éphésiens 2 :4-5</u>

Mais Dieu, qui est riche en miséricorde, à cause du grand amour dont il nous a aimés, nous qui étions morts par nos offenses, nous a rendus à la vie avec Christ (c'est par grâce que vous êtes sauvés);

<u>1 Jean 4 :10</u>

Et cet amour consiste, non point en ce que nous avons aimé Dieu, mais en ce qu'il nous a aimés et a envoyé son Fils comme victime expiatoire pour nos péchés.

<u>Éphésiens 2 :13</u>

Mais maintenant, en Jésus Christ, vous qui étiez jadis éloignés, vous avez été rapprochés par le sang de Christ.

<u>Colossiens 1 :20</u>

Il a voulu par lui réconcilier tout avec lui-même, tant ce qui est sur la terre que ce qui est dans les cieux, en faisant la paix par lui, par le sang de sa croix.

Romains 5 :1

Étant donc justifiés par la foi, nous avons la paix avec Dieu par notre Seigneur Jésus Christ

Actes 10 :36-46

Il a envoyé la parole aux fils d'Israël, en leur annonçant la paix par Jésus Christ, qui est le Seigneur de tous. Vous savez ce qui est arrivé dans toute la Judée, après avoir commencé en Galilée, à la suite du baptême que Jean a prêché; vous savez comment Dieu a oint du Saint Esprit et de force Jésus de Nazareth, qui allait de lieu en lieu faisant du bien et guérissant tous ceux qui étaient sous l'empire du diable, car Dieu était avec lui. Nous sommes témoins de tout ce qu'il a fait dans le pays des Juifs et à Jérusalem. Ils l'ont tué, en le pendant au bois. Dieu l'a ressuscité le troisième jour, et il a permis qu'il apparût, non à tout le peuple, mais aux témoins choisis d'avance par Dieu, à nous qui avons mangé et bu avec lui, après qu'il fut ressuscité des morts. Et Jésus nous a ordonné de prêcher au peuple et d'attester que c'est lui qui a été établi par Dieu juge des vivants et des morts. Tous les prophètes rendent de lui le témoignage que quiconque croit en lui reçoit par son nom le pardon des péchés. Comme Pierre prononçait encore ces mots, le Saint Esprit descendit sur tous ceux qui écoutaient la parole. Tous les fidèles circoncis qui étaient venus avec Pierre furent étonnés de ce que le don du Saint Esprit était aussi répandu sur les païens. Car ils les entendaient parler en langues et glorifier Dieu.

Éphésiens 2 :14-19

Car il est notre paix, lui qui des deux n'en a fait qu'un, et qui a renversé le mur de séparation, l'inimitié, ayant anéanti par sa chair la loi des ordonnances dans ses prescriptions, afin de créer en lui-même avec les deux un seul homme nouveau, en établissant la paix, et de les réconcilier, l'un et l'autre en un seul corps, avec Dieu par la croix, en détruisant par elle l'inimitié. Il est venu annoncer la paix à vous qui étiez loin, et la paix à ceux qui étaient près; Ainsi donc, vous n'êtes plus des étrangers, ni des gens du dehors; mais vous êtes concitoyens des saints, gens de la maison de Dieu.

Éphésiens 2 :18

Car par lui nous avons les uns et les autres accès auprès du Père, dans un même Esprit.

Romains 5 :2

À qui nous devons d'avoir eu par la foi accès à cette grâce, dans laquelle nous demeurons fermes, et nous nous glorifions dans l'espérance de la gloire de Dieu.

Éphésiens 3 :12

En qui nous avons, par la foi en lui, la liberté de nous approcher de Dieu avec confiance

Hébreux 10 :19-22

Ainsi donc, frères, puisque nous avons, au moyen du sang de Jésus, une libre entrée dans le sanctuaire par la route nouvelle et vivante qu'il a inaugurée pour nous au travers du voile, c'est-à-dire, de sa chair, et puisque nous avons un souverain sacrificateur établi sur la maison de Dieu, approchons-nous avec un cœur sincère, dans la plénitude de la foi, les cœurs purifiés d'une mauvaise conscience, et le corps lavé d'une eau pure.

Romains 8 :15-16

Et vous n'avez point reçu un esprit de servitude, pour être encore dans la crainte; mais vous avez reçu un Esprit d'adoption, par lequel nous crions: Abba! Père! L'Esprit lui-même rend témoignage à notre esprit que nous sommes enfants de Dieu.

Galates 3 :26

Car vous êtes tous fils de Dieu par la foi en Jésus Christ;

1 Jean 3 :1-2

Voyez quel amour le Père nous a témoigné, pour que nous soyons appelés enfants de Dieu! Et nous le sommes. Si le monde ne nous connaît pas, c'est qu'il ne l'a pas connu. Bien-aimés, nous sommes maintenant enfants de Dieu, et ce que nous serons n'a pas encore été manifesté; mais nous savons que, lorsque cela sera manifesté, nous serons semblables à lui, parce que nous le verrons tel qu'il est.

Romains 11 :15

Car si leur rejet a été la réconciliation du monde, que sera leur réintégration, sinon une vie d'entre les morts?

Éphésiens 1 :7-10

En lui nous avons la rédemption par son sang, la rémission des péchés, selon la richesse de sa grâce, que Dieu a répandue abondamment sur nous par toute espèce de sagesse et d'intelligence, nous faisant connaître le mystère de sa volonté, selon le bienveillant dessein qu'il avait formé en lui-même, pour le mettre à exécution lorsque les temps seraient accomplis, de réunir toutes choses en Christ, celles qui sont dans les cieux et celles qui sont sur la terre.

e. **Le pardon :** ***va d'abord te réconcilier avec ton frère***

> *« Je vous le dis en effet : Si votre justice ne surpasse pas celle des scribes et des pharisiens, vous n'entrerez pas dans le Royaume des cieux. Vous avez appris qu'il a été dit aux anciens : Tu ne commettras pas de meurtre, et si quelqu'un commet un meurtre, il en répondra au tribunal. Eh bien moi, je vous dis : Tout homme qui se met en colère contre son frère en répondra au tribunal. Si quelqu'un insulte son frère, il en répondra au grand conseil. Si quelqu'un maudit son frère, il sera passible de la géhenne de feu. Donc, lorsque tu vas présenter ton offrande sur l'autel, si, là, tu te souviens que ton frère a quelque chose contre toi, laisse ton offrande là, devant l'autel, va d'abord te réconcilier avec ton frère, et ensuite viens présenter ton offrande. Accorde-toi vite avec ton adversaire pendant que tu es en chemin avec lui, pour éviter que ton adversaire ne te livre au juge, le juge au garde, et qu'on ne te jette en prison. Amen, je te le dis : tu n'en sortiras pas avant d'avoir payé jusqu'au dernier sou». (Mt 5 : 20-26)*

Voici ce que je proclame, ce que j'atteste, ce que je dis à voix retentissante : Qu'aucun de ceux qui ont un ennemi n'approche de la Table sainte et ne reçoive le Corps du Seigneur ; que celui qui s'approche n'ait un ennemi. Tu as un ennemi ? N'approche pas. Si tu veux le faire, alors, va d'abord te réconcilier, puis reçois le sacrement. Ce n'est pas moi qui parle ainsi : c'est le Seigneur qui le dit, lui qui a été crucifié pour nous ; pour te réconcilier à son Père, il n'a pas refusé d'être immolé ni de répandre son sang ; et toi, pour te réconcilier avec ton frère, tu ne veux même pas dire un mot et prendre l'initiative d'aller le trouver ? Ecoute ce que dit le Seigneur à propos des gens comme toi : Si tu offres ton don à l'autel, et que là, tu te rappelles que ton frère a quelque chose contre toi… il ne dit pas : Attends qu'il vienne te trouver, ou qu'il reçoive la visite d'un de tes envoyés comme réconciliateur, mais il est bien que toi-même tu cours à lui. Chrysostome

Saint Jean dira de ce fait que : *« Laisse ton offrande, dit-il, va d'abord te réconcilier avec ton frère. Incroyable ! Alors que Dieu ne se tient pas déshonoré de voir laissé en plan le don qu'on allait lui offrir, toi, tu t'estimerais déshonorer de faire le premier pas pour te réconcilier avec ton frère* ! »[41]

Si nous avions la charité accompagnée de compassion et de peine, nous ne prendrions pas garde aux défauts du prochain, selon cette parole : *« La charité couvre une multitude de péchés* » (1P. 4 :8) et encore : « *La charité ne s'arrête pas au mal, elle excuse tout* » (1Co. 13 :5-7).

Si donc nous avions la charité, la charité elle-même couvrirait toute faute, et nous serions comme les saints quand ils voient les défauts des hommes. Les saints sont-ils donc aveugles pour qu'ils ne voient pas les péchés ? Mais qui déteste le péché autant que les saints ? Et pourtant, ils ne haïssent pas le pécheur, ils ne le jugent pas, ils ne le fuient pas. Au contraire, ils compatissent, l'exhortent, le consolent, le soignent comme un membre malade ; ils font tout pour le sauver. Lorsqu'une mère a un enfant handicapé, elle ne se détourne pas de lui avec horreur, elle prend plaisir à bien l'habiller et fait tout pour le rendre beau. C'est ainsi que les saints protègent toujours le pécheur et le prennent en charge pour le corriger au moment opportun, pour l'empêcher de nuire à un autre, et aussi pour progresser eux-mêmes davantage dans la charité du Christ.

Acquérons donc, nous aussi, la charité ; acquérons la miséricorde à l'égard du prochain, pour nous garder de la terrible médisance, du jugement et du mépris. Portons-nous secours les uns aux autres, comme à nos propres membres... Car « nous sommes membres les uns des autres », dit l'apôtre Paul (Ro. 12 : 5) ; « *si un membre souffre, tous les membres souffrent avec lui* » (1Co. 12 :27). Dorothée montrera même que : « *En un mot, ayez soin, chacun selon son pouvoir, d'être unis les uns aux autres. Car plus on est uni au prochain, plus on est uni à Dieu.* »[42]

---

41. ***Saint Jean Chrysostome, Homélie Au peuple d'Antioche, (in H. Tardif, Ed. Ouvrières, 1962), PP.344-407.***
42. ***Dorothée de Gaza, Instructions, (IVème siècle), P76.***

Ne méprise pas le pécheur, car nous sommes tous coupables. Si pour l'amour de Dieu tu t'élèves contre lui, pleure plutôt sur lui. Pourquoi le méprises-tu ? Méprise ses péchés, et prie pour lui, afin d'être pareil au Christ, qui ne s'est pas irrité contre les pécheurs mais a prié pour eux. Ne vois-tu pas comment il a pleuré sur Jérusalem ? Car nous aussi plus d'une fois sommes joués par le diable. Pourquoi mépriser celui qui comme nous a été joué par le diable qui se moque de nous tous ? Pourquoi, ô homme, mépriser le pécheur ? Est-ce parce qu'il n'est pas juste comme toi ? Mais où est ta justice, dès lors que tu n'as pas l'amour ? Pourquoi n'as-tu pas pleuré sur lui ? Au contraire tu le persécutes. C'est par ignorance que certains s'irritent, eux qui croient avoir le discernement des œuvres des pécheurs. Isaac le Syrien pense même que : « *Jette ton manteau sur l'homme pécheur pour l'en recouvrir.* »[43]

N'essaie pas de distinguer celui qui est digne de celui qui ne l'est pas. Que tous les hommes soient égaux à tes yeux pour les aimer et les servir. Ainsi tu pourras les amener tous au bien. Le Seigneur n'a-t-il pas partagé la table des publicains et des femmes de mauvaise vie, sans éloigner de lui les indignes ? Ainsi tu accorderas les mêmes bienfaits, les mêmes honneurs à l'infidèle, à l'assassin, d'autant plus que lui aussi est un frère pour toi, puisqu'il participe à l'unique nature humaine. Voici, mon fils, un commandement que je te donne : que la miséricorde l'emporte toujours dans ta balance, jusqu'au moment où tu sentiras en toi la miséricorde que Dieu éprouve envers le monde.

Quand l'homme reconnait-il que son cœur a atteint la pureté ? Lorsqu'il considère tous les hommes comme bons sans qu'aucun ne lui apparaisse impur et souillé. Alors en vérité il est pur de cœur (Mt. 5 :8).

Qu'est-ce que cette pureté ? En peu de mots, c'est la miséricorde du cœur à l'égard de l'univers entier. Et qu'est-ce que la miséricorde du cœur ? C'est la flamme qui l'embrase pour toute la création, pour les hommes, pour les oiseaux, pour les bêtes, pour les démons, pour tout être créé. Quand il songe à eux ou quand il les regarde, l'homme sent ses yeux s'emplir des larmes d'une profonde, d'une intense pitié qui lui étreint le cœur et le rend incapable de tolérer, d'entendre, de voir le moindre tort ou la moindre affliction endurée par une créature. C'est pourquoi la prière accompagnée de larmes s'étend à toute heure aussi bien sur les êtres dépourvus de parole que sur les ennemis de la vérité, ou sur ceux qui lui nuisent, pour qu'ils soient gardés et purifiés. Isaac le Syrien dira :

---

43. Isaac le Syrien, Homélie (VIIe siècle), P.89.

« Une compassion immense et sans mesure naît dans le cœur de l'homme, à l'image de Dieu. »[44]

Si tu veux cheminer correctement, avec discrétion et avec fruit sur la route de la vraie religion, tu dois être austère et rigide avec toi-même, mais être toujours joyeux et ouvert avec les autres, t'efforçant dans ton cœur de cheminer sur les sommets de la droiture, tout en sachant t'abaisser avec bonté vers les faibles. Bref, devant le jugement de ta conscience, tu dois modérer les rigueurs de la justice, de telle sorte que tu ne sois pas dur pour les pécheurs, mais accessible au pardon et indulgent…

Estime ton péché dangereux et mortel et celui des autres, nomme-le fragilité de la condition humaine. La faute que tu estimes chez toi digne d'une correction sévère, pense que, chez les autres, elle ne mérite qu'un petit coup de baguette. Ne sois pas plus juste que le juste : crains de commettre le péché, mais n'hésite pas à pardonner au pécheur. La vraie justice n'est pas celle qui précipite les âmes des frères dans le piège du désespoir. D'où Damien lorsqu'il dit : « *Il est bien dangereux le feu qui, en brûlant des buissons, menace d'embraser la maison elle-même avec l'ardeur de ses flammes* »[45]

Non ! Celui qui épluche volontiers les défauts des autres n'évitera pas le péché, car, même s'il est mû par le zèle de la justice, tôt ou tard, il se laissera aller au dénigrement. Saint Pierre Damien affirme même que : « *Evidemment, si notre vie ne nous paraissait pas si brillante, celle des autres ne nous semblerait pas si laide. Et si, comme il le faudrait, nous étions pour nous des juges sévères, les fautes d'autrui ne trouveraient pas en nous des censeurs aussi rigoureux* »[46].

Nous devons nous considérer nous-mêmes comme les pires coupables, pardonner au prochain toute transgression et haïr seulement le démon qui l'a tenté. Il peut nous sembler parfois que l'autre fait mal, tandis qu'en réalité, à cause de son intention qui est bonne, il fait bien. La porte du repentir est ouverte à tous, et on ne sait pas qui y entrera le premier : toi qui juges, ou celui qui est jugé par toi. Saint Séraphin dira pour cela que : « *Juge-toi toi-même, et tu cesseras de juger les autres* » [47].

---

44. Isaac le Syrien, Discours ascétiques (VIIe siècle, 1981), P. 395.
45. Saint Pierre Damien, Opuscule, (1007-1072, trad. Migne 1992,) P. 125
46. Saint Pierre Damien, Opuscule, (Trad. Migne, 1992), P.46
47. Saint Séraphin de Sarov (1759-1833), Spiritualité Orientale, (1976,), P.11

Le Christ nous demande donc deux choses : condamner nos péchés, pardonner ceux des autres. Accomplir le première acte à cause du seconde. Ce qui sera Alors plus facile, car celui qui pense à ses péchés sera moins sévère pour son compagnon. Et pardonner non seulement de bouche, mais « du fond du cœur », pour ne pas tourner contre nous-mêmes le fer dont nous croyons percer les autres. Quel mal peut te faire ton ennemi qui soit comparable à celui que tu te fais toi-même ?... Si tu te laisses aller à l'indignation et à la colère, tu seras blessé non par l'injure qu'il t'a faite, mais par le ressentiment que tu en as.

Ne dis donc pas : « **Il m'a outragé, il m'a calomnié, il m'a fait quantité de misères ».** Plus tu dis qu'il t'a fait du mal, plus tu montres qu'il t'a fait du bien, puisqu'il t'a donné l'occasion de te purifier de tes péchés. Ainsi, plus il t'offense, plus il te met en état d'obtenir de Dieu le pardon de tes fautes. Car si nous le voulons, personne ne pourra nous nuire ; même nos ennemis nous rendent ainsi un grand service. Considère donc combien tu retires d'avantages d'une injure soufferte humblement et avec douceur.

L'Eglise n'existe pas pour que nous restions divisés en y venant, mais bien pour que nos divisions y soient éteintes ; c'est le sens de l'assemblée. Si c'est pour l'eucharistie que nous venons, ne posons donc aucun acte qui contredise l'eucharistie, ne faisons pas de peine à notre frère. Vous venez rendre grâce pour les bienfaits reçus : ne vous séparez pas de votre prochain.

C'est à tous, sans distinction, que le Christ offre son corps en disant : « *Prenez et mangez en tous* ». Pourquoi n'admettez-vous pas tout le monde à votre propre table ? Vous faites mémoire du Christ, et vous dédaignez le pauvre ? Pour que vous prenez part à ce repas divin ; vous devez être le plus compatissant des hommes. Vous avez bu le sang du Seigneur et vous ne reconnaissez pas votre frère ? Même si vous l'avez méconnu jusque-là, vous devez le reconnaître à cette table. Il nous faut tous être dans l'Église comme dans une commune maison : *nous ne formons qu'un seul corps Nous n'avons qu'un même baptême, une même table, une même source, et aussi un seul Père* (cf. Ep. 4 :5 ; 1Co. 10 :17)

Jean-Claude Ela Mbala

CHAPITRE TROISIEME

DIX PROPOSITIONS POUR SE RECONCILIER AVEC DIEU, AVEC LES AUTRES, AVEC SOI-MÊME ET REPARTIR DANS LA GRÂCE DU PARDON RECU

3-1. M'accepter moi-même tel que je suis et dans la joie

Psaumes 139 :14 (Version Louis Second) : Je Te loue de ce que je suis une créature si merveilleuse.

Matthieu 5 :14 (Version Louis Second) : Vous êtes la lumière du monde.

1 Corinthiens 6 :20 (Version Louis Second) : Car vous avez été rachetés à un grand prix.

L'amour de soi est important. L'amour que nous nous portons est aussi une source de joie et de bien-être. Sans cet amour nous ne pourrons pas prendre plaisir à notre vie. Lagoda dira même que : *« En combattant contre l'inconnu, Jacob ne cherchait-il pas aussi à combattre contre son propre passé ? »*[48]

Si nous ne nous aimons pas nous même, nous ne pourrons pas aimer quelqu'un d'autre car comme l'on se traite, c'est ainsi qu'il traitera aussi les autres. Evidemment nous ne sommes pas parfaits, nous devons nous améliorer sur beaucoup de points. Mais, nous dénigrer n'est pas la solution non plus. Il faut se rendre compte que lorsque nous nous plaignons de qui nous sommes, c'est une critique négative que nous portons envers Dieu, envers ce qu'Il a fait. Aidons-nous avec la parole de Dieu pour savoir qui nous sommes et demandons à Dieu de nous guider vers l'acceptation de soi.

---

48. Ekkehard lagoda, *Essaü et Jacob*, (In bulletin de recherches théologiques et religieuses, n^{0}3, 199é), P.121.

3-2. Regarder davantage ce que j'ai reçu pour en rendre grâce, que ce qui me manque pour m'en plaindre.

L'amour de Dieu le père et le sacrifice de Jésus-Christ est un cadeau qu'on ne peut estimer la valeur. Zacharias Formun dira alors que : « *A peine mourrait-on pour un juste, quelqu'un peut-être mourrait-il pour un homme de bien* »[48]

C'est une grâce qui dois nous permettre de ne plus nous plaindre des petits manquements charnels. Dieu est amour et nous donne selon ce qui nous convient d'après sa bienveillance.

3-3. Accepter l'autre tel qu'il est en commençant par le plus proche : mon mari, ma femme, mes parents, frères et sœurs, mes voisins, ma famille, mes amis, mes collègues, etc.

Notre Eglise comme ses fidèles (Pasteurs, Anciens, Diacres ...) en ont besoin pour accomplir l'œuvre divine. Autrui désigne un autre que moi, les autres, l'ensemble des hommes. Ainsi, Baudelaire abondera dans le même sens en nous apprenant que L'autre est à la fois proche et lointain. La question d'autrui pose alors le problème de sa connaissance. À ce sujet, plusieurs conceptions de l'autre existent selon que le regard est philosophique, culturel ou religieux. Nous ne vivons pas seuls, sans l'autre nous ne pourrions développer nos capacités humaines (parler par exemple) et nous ne pourrions subvenir totalement à nos besoins. Nous vivons en société selon les règles qui sont des conventions humaines. Nous notons que autrui se définit comme ***« le moi qui est comme moi, mais différent de moi »*** à partir de son étymologie latin ''Alter'' et ''Ego''.

---

48. Zacharias Tanee Fomum, L'amour et Le pardon de Dieu, (Les éd. Z.T.F, 1996), P14.

3-4. Dire du bien de l'autre et le dire tout haut

Le sens de l'amitié consiste à aimer l'autre pour lui-même, sans vouloir le changer ni le posséder. Louis Schweitzer dira même que : *« En fait la réconciliation ne serait pas effective grâce aux présents matériels mais plutôt par la manifestation de l'humanité du frère coupable »*[50]

Ce lien d'affinité entre deux individus repose sur un partage à égalité et le respect de chacun : il n'y a ni pouvoir ni servitude et nulle recherche de fusion. L'amitié ne conduit pas à vivre ensemble, elle se garde de toute promiscuité et de toute intrusion, tandis que les amoureux ne rêvent que de se rapprocher, de ne plus se quitter jusqu'à se confondre.

3-5. Ne jamais me comparer à un autre car la comparaison ne pourra mener qu'à l'orgueil ou au découragement

La **comparaison**, mot provenant du latin *comparatio* désignant l'« action d'accoupler », est une figure de style consistant en une mise en relation, à l'aide d'un mot de comparaison appelé le « comparatif », de deux réalités appartenant à deux champs sémantiques différents mais partageant des points de similitudes. La comparaison est l'une des plus célèbres figures de style. Cette définition sous-entend une compétition, ce qui nous éloigne de la réconciliation.

3-6. Vivre dans la vérité, appeler le bien ''bien'', le mal ''mal''

La vérité est une Norme, un principe de rectitude, de sagesses considérées comme un idéal dans l'ordre de la pensée ou de l'action. C'est la preuve qu'on est sincère avec l'autre, preuve d'une réconciliation ou d'une amitié véritable. Formun renchérit encore en affirmant : *« Si la vie d'une personne ne ressemble pas à celle du seigneur Jésus, son service pour lui ne vaudra pas grand-chose »*[51]

---

50. Louis Schweitzer, Artisans de Réconciliation, (Les cahiers de l'école pastorale, n^{0}32, juin 1999), P.3

51. Zacharias T. Fomum, Le chemin du caractère chrétien, (Les éd. ZTF, 1983), P.6

3-7. **<u>Résoudre les conflits, non pas par la force mais entrer aussi vite que possible dans un dialogue avec l'autre</u>**

Les conflits et les oppositions entre personnes sont une réalité quotidienne, que ce soit au travail, dans la famille, ou dans la société. Nos idées, nos opinions, nos valeurs, sont constamment en opposition avec celles des autres. Les oppositions qui en résultent entre personnes peuvent être relativement mineures, faciles à surmonter ou à ignorer. Elles peuvent être, au contraire, très fortes et remettre en cause chacun des opposants au niveau le plus profond d'eux-mêmes. La capacité de faire face aux oppositions et à résoudre ses conflits avec les autres est certainement une des qualités humaines les plus importantes, mais aussi une des plus difficiles à acquérir. Non seulement parce que l'on ne l'enseigne nulle part, mais aussi parce que l'on préfère ne pas parler de ces choses personnelles. Cependant, comme toutes les capacités humaines, la capacité à résoudre les conflits peut être développée. Comme toutes les capacités de relations humaines, elle est complexe et comprend des aspects différents que nous allons décrire dans cette note.

LES TYPES DE RÉACTION AUX SITUATIONS DE CONFLIT

Ces types de réponses sont déjà présents chez l'enfant et l'adulte pourra, dans l'ignorance d'alternatives possibles, continuer à utiliser le même mode de réaction qu'il avait lorsqu'il était enfant, bien que celui-ci ne soit plus adapté et ne donne pas de résultats. On peut distinguer trois grandes catégories de stratégies personnelles face aux conflits: les stratégies de fuite, les stratégies adoucissantes, et enfin, les stratégies de face à face et d'affrontement ouvert. Les schéma ci-dessous présente ces trois types de stratégies.

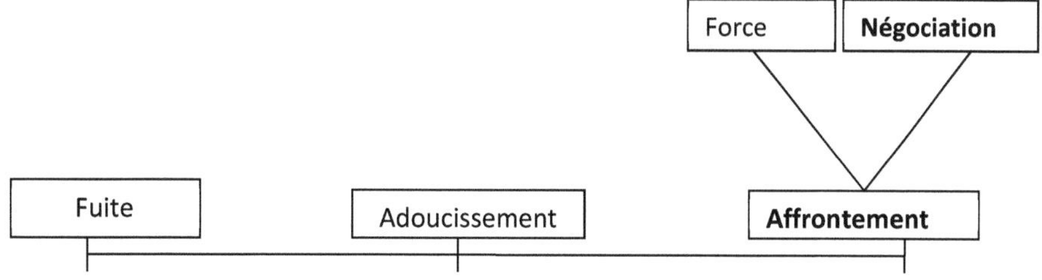

<u>LES TYPES DE REACTION AUX SITUATIONS DE CONFLITS</u>

3-8. Prendre l'initiative du dialogue et essayer de se réconcilier le jour même : que votre colère ne dépasse pas le coucher du soleil

Vous pouvez adopter l'une de deux stratégies de négociation suivante :

- **Stratégie réactive :** Qui consiste pour B à déléguer l'initiative à A soit en lui faisant endosser son but (cas de demande d'aide ou d'assistance) soit en adoptant son but (cas de serviteur). Le déroulement du dialogue se fait soit en maintenant le but de l'échange sans prendre d'initiative soit en abandonnant son propre but b_B ou en le faisant passer sous la dépendance de b_A ;
- **Stratégie directive :** Qui consiste pour B à garder, l'initiative pour construire le dialogue soit en maintenant le but de l'échange et en gardant l'initiative, soit en imposant son but à b_B(on cherche à ce que b_f=b_B), soit en ignorant éventuellement celui du locuteur b_A qui est donc en quelque sorte considéré comme inexistant. Cela a pour conséquence d'imposer une réponse réactive ou négociée à A et de limiter ainsi la variété de ses stratégies.

3-9. Dans le dialogue, commencer par ce qui unit pour ne passer qu'ensuite à ce qui oppose

Ne jamais oublier que ce qui unit les hommes est plus fort (le sang de Christ), que ce qui les oppose (intérêts égoïstes et vains).

3-10. Croire fermement que pardonner vaut mieux qu'avoir raison

Dieu nous a pardonné alors que nous l'avons offensé, il a pris l'initiative de la réconciliation. L'homme est à l'image de Dieu, il doit ainsi agir suivant la volonté de son créateur. Seul le pardon est grand. Prière universelle « …comme nous pardonnons à ceux qui nous ont offensé… » (Mt 10 :12)

Jean-Claude Ela Mbala

Jean-Claude Ela Mbala est un auteur androiditiste. Il est théologien Camerounais. Il a fait ses études théologiques à l'Ecole Supérieure de Théologie L. Moore où il a initié cette investigation. Il est homme d'église à l'Eglise Presbytérienne Camerounaise Orthodoxe (E.P.C.O).

CONCLUSION GENERALE

Il nous a été permis d'établir dans cette étude, un rapprochement sur les perspectives biblique de la réconciliation. Si le protestantisme est entendu comme diversités enrichissants et les églises sœurs comme critères de reconnaissance et de communion véritable, la réconciliation apparait essentiellement comme le terme d'un laborieux processus d'évangélisation, où les hommes se sont imprégnés de l'évangile. C'est d'ailleurs en ce sens que l'église en tant que réconciliée se distingue de tout autre système social. Elle ne se présente pas comme la recherche d'un simple idéal social. C'est un vivre-ensemble dont la cohésion sociale est tissée par les valeurs évangéliques. La réconciliation constitue dès lors le cadre de vie où l'homme peut se construire, s'édifier, et s'épanouir en toute harmonie. Nous aurons compris sans doute que pour nous, être artisan de la paix et de la réconciliation n'est pas un détail accessoire. C'est simplement être fidèle à ce que Christ nous a enseigné. C'est pour nous, agents de la réconciliation, le chemin de la fidélité dans notre témoignage, une fidélité qui passe par des vies effectivement changées. Des vies qui ont fait la paix, avec Dieu et qui s'inscrivent dans la recherche et l'établissement de la paix et de la justice sur la terre des humains. Des vies réconciliées totalement avec Dieu, avec le frère ennemi, le frère séparé et tout d'abord avec soi-même. Etre artisan de la paix et de la réconciliation suppose l'acceptation du risque de la souffrance possible. C'est ce qui peut nous faire reculer. Mais c'est aussi la seule condition pour que Nous, en tant qu'Eglise, puissions témoigner dans notre histoire brisée, histoire d'injustice, de conflits et de violence, de cette réalité nouvelle que Jésus est venue inaugurer.

Etre artisan de la paix et de réconciliation dans notre monde, c'est simplement être témoin de Dieu dans ce monde aujourd'hui conflictuel qui est sur la coupe de la violence.

Williams Tanefo Tchinda

Né le 12 février 1989 à Mbouda à l'Ouest Cameroun, Williams T. TANEFO est instituteur, réalisateur audio-visuel et conducteur d'engin lourds. Il a accumulé beaucoup d'expérience de ses multiples talents. Il se projettera dans le monde de la plume par amour pour l'écriture. Il travaille sur plusieurs projets d'écriture. Il est partisan de la "théorie Androiditiste" initié dans Communauté Spéciale de Stélane D. MBALA E.

POSTFACE

Dieu nous a doté du pardon pour nous réconcilier ; Il nous a donné la réconciliation pour nous s'entrepardonner. Comment comprendre cette théologie ? Dans le sens d'une résolution des conflits homme-homme, Etat-Etat etc. Nous devons surtout comprendre cette théologie dans le sens du rattachement avec Dieu et du pardon, Dieu étant miséricordieux puisqu' « Il nous a lui-même pardonné ». Quel que soit le sens dont nous abordons la réconciliation, il n'en sera jamais le contraire qu'elle vient de Dieu car il est un Dieu de paix et de miséricorde et c'est pourquoi « Il a voulu par lui-même nous réconcilier avec lui ». Toutes conclusion concourent à ce que Dieu est le Créateur, le Détenteur, le Donateur, le Prôneur, le Valorisateur suprême de la réconciliation. A cet effet, nous ne pouvons trouver autre explication, autre secret d'une bonne résolution, d'une bonne réconciliation que celles découlant de la Bible dont Dieu en est l'Auteur suprême et absolu. D'où notre thème d'exposé.

Les Perspectives Bibliques De La Réconciliation : à partir de ce titre, l'on comprend que notre enjeu est de décoder les balises et les guides bibliques d'une bonne résolution des conflits et du comment faire un rattachement non seulement entre nous, mais et surtout avec Dieu. Sans toutefois se mettre à une nouvelle explication de l'exposé qui a déjà été fait par l'illustre homme de Dieu Jean-Claude Ela Mbala et nous ses compagnons, je dirai simplement que cet ouvrage a pour but de nous éviter les guerres à long terme, les rancunes, le manque de pardon, les haines et l'éloignement de Dieu.

La réconciliation, dans son historicité, qui est d'ailleurs biblique, a pour précurseur l'Ancien Testament. Dieu a tissé des alliances avec des générations post-Adam, mais non loin de lui, telle que Abraham, Isaac, Jacob ; les écartant ainsi d'une certaine manière de la colère qu'il avait envers Adam et en guise de reprise de l'homme : c'est la *réconciliation par alliance*. Egalement Dieu s'est réconcilié avec les populations de Ninive dont il voulait auparavant détruire : c'est ce que nous appelons la *réconciliation Jonas à Ninive*.

Mais nous pouvons qualifier la réconciliation de l'Ancien Testament comme une réconciliation enveloppée et en filigrane. Par ailleurs, la réconciliation s'est inscrite dans le sillage d'une loi et est devenue claire grâce à l'œuvre de Jésus-Christ le principal réconciliateur (chose démontré par J.C Ela Mbala dans son brillant exposé).

Mon impression de cette longue investigation théologique et didactique est de participer, d'une manière ou d'une autre, à la stabilité de notre monde actuel qui est, comme l'a si bien dit Stélane Mbala, en décadence.

Cette investigation est de l'androiditisme. Cette théorie, prônée et dirigée par Stelane Daniel Mbala Ela, a été initiée dans son œuvre *Communauté Spéciale*, où il en pose les fondements. Par ailleurs, il convient de retenir, à la suite de Stélane Mbala et par le canal de cette ouvrage, le caractère d'un androiditisme d'interdisciplinarité totale. L'androiditisme se mêlera donc dans tout ce qui passe pour être connaissance peu importe la discipline, le domaine, le lieu, le temps... Ce nouvel élément du processus de construction de l'androiditisme permet à ce qu'à moment donné nous parlerons par exemple de l'androiditisme littéraire, de l'androiditisme philosophique, historique... pour signifier que la connaissance développée dans ledit androitisme est dudit domaine ou discipline ; que l'androiditisme s'associé et est appliqué à cette discipline. Egalement cela signifie que l'idée est de l'école androitiste et certains écarts de l'écriture. Cette investigation, qui est d'ailleurs le premier livre interdisciplinaire de l'androiditisme, s'inscrit donc dans le sillage de l'androiditisme théologique.

Williams TANEFO TCHINDA

Sous la direction de Stélane Daniel MBALA ELA

Né le 12 février 1989 à Mbouda à l'Ouest Cameroun, Williams T. TANEFO est instituteur, réalisateur audio-visuel et conducteur d'engin lourds. Il a accumulé beaucoup d'expérience de ses multiples talents. Il se projettera dans le monde de la plume par amour pour l'écriture. Il travaille sur plusieurs projets d'écriture. Il est partisan de la "théorie Androiditiste" initié dans Communauté Spéciale de Stélane D. MBALA E

Contenu

Printed by Books on Demand GmbH, Norderstedt / Germany